JN101582

ためらいつつ歩む

「なぜ」と問うパートナーの喪失

山本洋子—【著】

彩流社

目次

発刊に寄せて

著者の山本洋子さんは、杉並区で三十年以上にわたって続けられているボランティア活動「伴侶の死の悲嘆にある人々を支える会」（通称「支える会」）の発足時からのメンバーとして、今日まで長きにわたって、グループミーティング「支える会」の優れたファシリテーター（会の進行役）を務められてきました。

ファシリテーター役とは、単なる話の進行係ではありません。発話者の思いと言葉を心で聞きわけながら、共感し、あるいは質問を重ねながら、発話者自身も気づかずにいる思いを引き出したり、確認したり、深めたりしていく役目を言います。山本さんはまさにその点の名手でした。

本書の「あとがき」で、著者は、本書の成立過程について、大要こんなふうに述べています。本書は当初、「文字通り、伴侶を失った方々の支えに少しでもなればと思い書き綴って」いたものですが、書き進むにつれて、また年月を経るにしたがって、いつの間にか「自分の心の奥底に潜む様々な影」を検証する行為ともなり、さらには「自分の心を静める」鎮魂の試みにもなっていったと。

したがって、本書には、大きく二つの側面を見ることが出来るでしょう。一つは、言うまでもなく、本書が「伴侶を失った方々を支える」ための手引き書であり、案内書であるという側面、もう一つは、本書が、夫を亡くされて以来のほぼ四十年にわたる、悲嘆と葛藤の歴史を回顧し、記録した、著者の心の変遷史でもあるということでしょう。本書は、闇の中に光と平安を求め続けた著者の類い希なる精神史でもあります。

本書をお読みいただければわかることですが、著者の場合、その死別は、自死による死別でした。私の知り得ている著者の当初の悲嘆状態は、一般的に見られる症状よりもはるかに重篤で、「複雑悲嘆」と呼ばれる部類に属するものでした。その原因は、死別を巡る状況のなかに、悲嘆を重篤化する重層的な要因が絡まっていたためです。

その要因の一つは、言うまでもなく、パートナーの死が強い抑うつ症による自死であったことにあります。自死というだけでも悲嘆を複雑化させるには十分なのですが、著者の場合、それに加えて、当時はまだ、抑うつ症に伴う性格の変化を十分に理解するほどの知識が一般には普及していなかったことがあげられます。その結果、当然のこととして、夫婦の間には複雑な葛藤が引き起こされることになります。パートナーの性格の変化が病による変化であることが理解できぬままに遺される遺族の側には、しばしば解決し難い二律背反的な感情が生み出されることになります。

著者の場合には、それに加えて、パートナーの死と時期を合わせるようにして明らかになる、ご子息の精神的な病の発症が加わっていました。まさに生きる意志をも打ち砕くに十分なほどの不安と混乱の暗黒状態であっことが想像されます。しかし山本さんはその状況を見事に切り抜け、生き抜くことができました。

山本さんにその生き抜く力を可能にした何かがあったとすれば、それは何よりも本書の第八エッセイ「曖昧に耐えて生きる力」にも取り上げられている「ネガティブ・ケイパビリティ」を身をもって体得し、実践できたことによるのではなかったかと想像されます。

普通、「消極的な能力」と訳されているこの言葉は、英国の詩人キーツによる言葉ですが、その意味するところは、「不確実なこと、不安や怖れなど、否定的なことを否定的な状態のままに耐えて、保留する力」、あるいは「どっちつかずの曖昧なことを曖昧なままにしておく能力」というほどの意味になります。

安易な了解、安易な納得に、いち早い解決を見出すのではなく、いつの日か、真実の、そして納得のいく覚悟と解答が見つかるまで、いましばらくのあいだ、「曖昧なことを曖昧のままに」保留にしたまま、耐え忍び、生き抜くことは（その「しばらく」は、しばしば十年、二十年、三十年という歳月に及ぶこともあります）、いち早い解決を求める生き方よりは、遙かにエネルギーを要する生き方だったに違いありません。

山本さんは、矛盾と混乱のなかで、唯一確かなもの、信じられるものとして、「曖昧」をこそ生きるという道を、無意識の叡智に助けられるようにして、選択されたのに違いありません。

その選択は、しばしば「駄目な自分、みっともない自分」をそっくりそのまま受け入れてしまうこと（5．「不安なあなたへ」）でもありましたが、その生き方は、とりもなおさず、弱さを強さに逆転させる生き方であり、何よりも、たとえその悲しみがいかなる背景のもとにあるものにせよ、「個々の悲しみは、それぞれにおいて、かけがいなく大切な悲しみである」（7.「喪失から生まれるもの」）ことを確認することでもあったのでしょう。山本さんのファシリテーターとしての抱擁性は、ここに起源があるのかも知れません。

本書の魅力には、もう一つ、著者の文学的素養が十二分に発揮されたさまざまな人物描写を読む楽しみもあります。太極拳の会で知り合いになった「Jさん」のこと（12.『こぼれおおちる「とき」』）、英国の小説家ヴァージニア・ウルフの作品を解説する「ダロウェイ夫人」の一日（9.「コップの水」）、傾聴ボランティアを通じて知り合ったYさんのこと（22.「ある老婦人のこと」）、さらには、昭和前期に生まれた人であればきっと誰の記憶のなかにもある、滑稽なほどに節約家だった「母」の思い出（11.「ときには振り返ってみることも――母のこと」）など、著者のやさしい眼差しから描き出される繊細にして的確な人物像のなかには、常に悲しみとともにある人間というものの、今という瞬間を必死で生きる命の営みと輝きとを見ることが出来るでしょう。

本書の末尾には、村上春樹原作、濱口竜介監督による映画『ドライブ・マイ・カー』の解説が置かれています。内なる魂の案内するままに、「ふるさと」に象徴される心の深奥部を訪れる主人公の魂の遍歴を解説するなかに、著者は自己の心との和解の可能性を暗示しようとしていたのかも知れません。

本書を心から推薦するゆえんです。

「日本グリーフ・ケア・センター」代表
中央大学名誉教授
長田　光展

1. 生きるということ

この春、私は定年退職を迎えました。まだ少しは非常勤の仕事が残っているものの、これまでとは違って大幅に自由な時間を手にすることができました。ではそれで楽しくなったかというと、そうではなくて、一種の鬱的な状態に陥ってしまったのです。その直前に二回ほど病気になったこともあり、体力・気力が急速に衰えたのです。暇になったら、家の中を整理して、好きな本を気儘に読み、ゆったりと優雅な生活を送りたいというのが、私の夢でした。それがそううまくはいかないのです。

一番の心の迷いは、自分は紛れもなく、高齢者と称される年齢になってしまったという思い、そして、そのことを認めたくないという思いが生じました。さらに、そこから湧き出す様々な惑い――孤立感、孤独感、不安、苛立ちなどに苦しめられたのです。

若い頃、といってても四〇代、五〇代、六〇代になってさえも、老人というのは別世界で、もう悩みなどなく、ゆったりとお茶を飲んだり、子供や孫の話をしたり、近所の噂話をしたりして、過ごすのかと思っていました。そういえば、幼いころ見ていた祖母は、いつも縁側で、近所のお婆さんとお漬物をつまみながらお茶を飲んでいました。お婆さんというのはそういうものだと思っていました。考えてみれば、その頃の祖母の年齢はまだ六〇代そこそこだったと妙に感心してしまいます。

ところが、自分がいざ、いわゆる高齢者なる者になってみると、これまで想像していた老人のイメージと自分が合ってはいないことに戸惑いをおぼえるのです。安らかな気持ちになるどころか、若いときのような、いな、それ以上の、心の葛藤がさらに強まってきているることに気付いたのです。憧れ、期待、迷い、そして傷つくことへの怖れ、生きることの意味の模索などなどです。それでいながら、身体的不具合があちこちに生じていることに、たびたび気づかされているのです。ちょっとした物忘れ、小さな段差に躓いたり、速く歩いているつもりが後から来た人に追い越されるとか、毎日あれっと思うことの連続です。ある人に私はたわむれに、「毎日が初体験」だと言ったら、心優しいその方は、日々が「初体験」と思えるのは、まだあなたが若い証拠ではないかと言ってくれました。
伴侶を亡くしたとき、一番辛いのは孤独感に襲われることです。それでも若いときであれば、まだ仕事があったり、子育てしたり、友人との付き合いがあったりします。勿論伴侶喪失の孤独感はそんなことで一時的に紛れても、消し去ることの出来ない気持ちです。ところが高齢になると、若いときとは異なる孤独感（孤立感とでもいう方が相応しいのでしょうか）に襲われます。つまり、夫・妻・親といった家族上の役割、あるいは仕事上のポストといった社会的役割はもうなくなって、ただ己のみというように、自分自身とまともに向き合わなくてはなりません。生きてくということは、最終的には自分一人の問題と向き合うことではないかと思われるのです。

とくに、あらためて気づいたのは、人は高齢になると、傷つくことへの怖れが再び湧き出すことです。心が脆くなるとでもいうのでしょうか。伴侶を亡くしたとき、私たちは様々な言葉に、たとえそれが善意でかけられる言葉であっても、傷つくことが多々あります。そういうことは、歳を重ねるにつれて、さらりと受け流せるようになると考えるのが普通かもしれません。しかし、心身が衰えてくると、余計、ちょっとした人の言葉や態度が身にこたえます。生きていくにつれて、若い頃より、さらに様々な、厳しい現実や事実と向き合うことを迫られているようです。

シェイクスピアの「リア王」にこんな有名な場面があります。三人の娘に領地を分け与えようと、自分への愛情の証を娘たちに求める場面です。二人の姉娘が美辞麗句を並べ立て父への愛を述べるのにたいして、最愛の末娘、コーディリアは唯一言「何も」と答えます。それに対してリアはこう言います。「そんなに若くして、そんなにつれないとは」。コーディリアは答えます。「若くして、真実なのです」。（この言葉はなかなか意味深遠な言葉です）。これに怒ったリアは彼女に与えようとした領地を姉たちに分けてしまいます。普通は、この深い真実を込めた末娘の言葉を文字通り受け取ったリア王は確かにあまりにも愚かだと言われます。しかし、末娘の若さゆえの飾り気のない、むき出しの真実の言葉に、リアはひどく傷ついたともいえるのではないでしょうか。そんなふうに、人間は、歳を重ねると、むき出しの真実に耐えられなくなるのではないでしょうか。偽りでも優しさを求めてしまう弱さもあるのではないでしょうか。そのうえ、人は老いると、これだけの歳月を生きてきたのだというプライドも重なり、さらなる悩みや惑いの感覚との相克に悩まされることになりがちなのです。

ふと思いました。これが生きることなのだ。私たちは歳を重ねることによって、ますます生きることの意味を模索します。若いときよりもっと本質的に、さらに深く、本当の意味で生きることを考えます。このごろ、私は、日々頭の中をよぎる様々な想いを、よぎるがまま任せようかと思い始めました。

伴侶を亡くしたばかりのころ嘆いていた私を一番支えてくれた恩師が、今は本当に年老いて（その方も八〇歳のとき奥様を亡くされました）、息子さんに引き取られています。あれほど知性溢れ、眼光の鋭い、奥深い言葉を発していた先生が、書を読むこともなく、会話をすることもなく、毎日ベッドか車椅子の上でぼんやりと過ごされています。そのお姿を拝見すると、ああこれが生きるということなのだと、とても尊く思えるのです。どのような想いが脳裏をよぎるのでしょうか。きっと喜びや悲しみの過去の出来事が蘇っているのだと思いたいです。自分がそういう状態になったとき、どんな感覚でいられるのでしょうか。まわりの人は、ただの何の感慨もない老人と判断するのでしょうか。

それでも今はまだ歩ける、今はまだ自分なりの判断ができます。そんな現在の状態に感謝しつつときに人のお世話になりながら、生きることの意味をあれこれ考えたりしています。かつてつまらないと思っていた平凡な日常に少しでも彩を添えようと、丁寧にシチューを煮込んだり、花を買い求めたりすることに喜びを感じている自分に驚いたりしています。人はそんな風に愚かに迷いつつ生きていくのでしょう。日々、様々の初体験を重ねながら、歳を重ねていくのでしょう。怖いことですが、もしかしたら、リア王のように、何もかも失ったときに初めて真実がみえてくるのかもしれません。生きることの意味が見えてくるのかもしれません。

ピリオッドも　コンマさえ無き　春の宵
誰も来ぬ　空き地にサザンカ　華やぎて
花散りて　時追い掛けて　吾ひとり
蜆蝶　小さき花に舞いおりて　ひたすら羽震わせ　生を育む

2. 語ること　語らぬこと

「支える会」では、その第二部として「童話セラピー」というセッションを開催していたことがありました。そこでは、セラピーの作業の一環として『マジック・ショップ』というゲームを行います。マジック・ショップでは、日頃自分が大切にしている「何か」を差しだすことで、いま一番欲しいものが手に入るという、魔法のお店ゲームです。もちろん、一番欲しいものに「亡くなった伴侶」を上げるのは禁止です。

こんなことがありました。「今一番欲しいものは何ですか。思い浮かべてください」と問いかけますと、何人かの方が、「亡き伴侶のことを、語り合える人が欲しい」と答えたのです。ほんとうにそうなのだと、私も思いました。伴侶と楽しく語り合ったこと、二人が経験した楽しかったこと辛かったこと、どんなことでどんないさかいをしたかとか、そんな些細なことを、なんでも誰かと忌憚なく話し合えたら、どんなに心和むことでしょう。そんなことを言うと、「でもお子さんがいるでしょう?」とおっしゃる方がいるのですが、子供では駄目なのです。親や兄弟でもダメ。ほんとうは伴侶その人が生き返ってきてくれるのが一番なのだと、みんなが思っているのです。

二十世紀前半の英国の女流作家にヴァージニア・ウルフという人がいます。その人のとても短い短編小説に、「形見」という作品があります。妻を突然交通事故で失った夫が、自分の様々に思い惑う気持ちを妻に問いかけるような気持ちで、妻の日記を開き読み始めます。妻の日記はまるで彼の問いに答えてくれるようでした。妻との日々を回想しながら、読み続けるうちに、物語は予期せぬ方向に流れていきます。

日記の初めの方では、夫である自分との楽しい毎日が書かれていたのに、年月が経つにつれて、そこには妻の悩みが綴られるようになり、イニシャルでしか表記されない謎の男性が登場してきて、夫の疑惑が次第にふくらんでいきます。まさにサスペンスタッチの日記で、最後には、妻の死が事故死ではなく、自死であったことがわかるのです。

この物語を持ち出したのには、二つの理由があります。一つは亡き妻を偲ぶ夫の思いが実によく表現されていることです。日記に描かれた一つ一つの些細な場面を読みながら、そのときの妻の表情が目の前に浮かび、声が聞こえてくるように夫には思えるのです。そして読みながらふと思い浮かぶジョークを、いま妻と一緒に分かち合えたらどんなに素晴らしいだろうかと、そんな夫の想いが、伴侶を亡くした私たちの心にも響いてきます。

もう一つは、これほど妻を愛しながら、些細な疑惑から、勝手な想像力を一方的に膨らませ、妻の苦悩を少しも理解できなかった夫の傲慢さと、それ故の苦悩が見事に描かれているということです。でも、夫にはその苦悩を人に語ることはできないでしょう。人に語るとしたら、夫はどんなふうに描かれることになるのでしょう。人に語れば、夫は自分自身の実態をさらけ出すことにもなりかねません。従順と思われていた妻が、別の恋人を追いかけて死んだのだという腹立たしい出来事（これは夫の一方的解釈なのですが）を語らなくてはなりません。そうなれば、愛する妻にも、妻をそそのかしたに違いない男に対しても感じてしまう、激しい憎しみを語る以外にはないからです。

支える会には、「怒りと不当感」を扱う。があります。このセッションでも、この小説ほど極端ではなくても、参加者にとって、語りたくても語れないことはきっと多いのに違いありません。なぜ語れないのかと言えば、もしこれを語ることになれば、これまでの自分たちの夫婦のあり方、自分の心のあり方ばかりでなく、自分自身そのものをこれまでになく深く見つめ直したすえに、もしかしたら自分自身を根底から切り崩す必要が出ないともかぎりません。それはあまりにも怖いことです。

支える会の場では、伴侶の死別に伴うさまざまな悲しみと苦しみをかなりの程度まで語ることはできるでしょう。そして、語ることで、心の負担をかなりの部分まで軽くすることができるでしょう。参加者同士の年齢が近かったり、亡くなった原因が同じだったりすれば、なおのこと語りやすくなります。しかし、それでもなお、一人一人の生い立ちはそれぞれ異なり、夫婦のあり方も千差万別ですから、細かい感情の襞まではなかなか話せないのが実情です。たとえ話ができたとしても、完璧に共感してもらえるものかどうかと不安を感じるかもしれません。そう考えたら、夫婦間のいさかいや、故人に対する怒りについては、やはり曖昧にしておきたいとも思うでしょう。こうして、心の奥底の辛さは語られないまま、死の受容もなんとなくできないまま、辛さだけを引きずって会を終了することになりがちです。

学生の頃、串田孫一という有名な哲学者が講義でこんなことを言われたのを思い出します。当時は心理学ばやりで、私たち若者は自分の気持ちを包み隠さず語ることこそがよいのだと信じていた頃の話です。先生はこう警鐘を鳴らしたのです。「誰もが競って自分の心を玉葱の皮を剝くように出していくと、最後には何も残らなくなります」と。おそらく心の陰影の大切さも忘れて、あけすけにすべてを語ればことがすむと考える、浅はかな当時の若者を戒めた言葉だったのかもしれません。

先に挙げた小説の美しさは、妻がさまざまな何気ない日常的な想いや、忙しい夫を煩わせたくないという気遣いから、夫に語れないままでいるさまざまな悩み、そして不可抗力的に引き込まれた問題にどう対処すればよいのかという苦悩、そうした事柄が言葉少なに書かれているところにあるのです。それが読者にはまるで、妻がためらいがちにポツリポツリと語っているように感じられるのです。どんなにためらいがちでもいいから、もし妻が実際にこんな風にして夫に語っていたら、そして夫が妻の苦しみに耳を傾ける豊かな心を持っていたら、悲劇は起こらなかったかも知れません。

確かに辛いことは語りたくない。語れば傷口が広がることもあるでしょう。語らないままそっと自分の心の奥底にしまいこみ、それをゆっくりと熟成させていく。これもひとつの美しい選択かもしれません。もっとも、それは心にゆがみを残し、心を頑なにしてしまう危険を伴います。でも、その辛さと向き合って生きるのも一つの生き方だと思います。実際、そんな風にじっと自分と対峙して、黙して語らぬ方もおられます。もちろん、自分の心を見つめながら勇気を奮い起こしてぽつりぽつり語る方もおられます。様々な方がおられることを認めながら、お互いがお互いの心をゆっくりと暖かく見守っていく。そんな生き方が、私にはとても素晴らしいことだと思えるのです。

いつまでも　ともに語りたし　老いの哀しみ

3．哀しみと向きあう

フランク永井の歌に「悲しみは消えない」という歌があるのをご存じでしょうか。その歌詞を少し紹介します。

およしよ　およしよ　旅なんか行くのは　海を見たって　山を見たって　悲しみは消えない　苦しい気持ちはわかるけど　今じゃ冷たい　あの眼差しが　汽車に乗っても船に乗っても　空しく残るよ　およしよ　およしよ　旅なんか行くのは　街を見たって　花を見たって　悲しみは消えない　長い寂しい道一つ　二度と帰らぬつもりでいても　離れたっても　遠くなっても　傷あとは残るよ　（リフレイン）（作詞　佐伯孝夫）

この歌は失恋の歌でしょうが、私はこの歌を聴くたびに伴侶を亡くした後の自分の歩みと重ね合わせてしまうのです。長い闘病の間のいざこざ、思いもかけぬ死、そのあとのごたごた。そのどれをとっても安らかな死とはいえず、その辛さから逃れようと、私はことあるごとに旅に出ました。そのほとんどは誰も知る人のない海外への旅でした。けれども、船に乗っても、汽車に乗っても、街を歩いても傷は癒えなかったのです。

伴侶を亡くして最初に襲う衝撃、茫然自失とした状態から、月日が経つとともに襲ってくるのは、悲しみというよりは苦しみでしょうか。特に女性は、これから自分の判断ですべてやっていかなければならないという孤立感・不安感に苛まれます。安心して頼れる人も、甘えるともなく甘えられる人のいない侘しさ。それでも、必要に迫られて、目前に連なる義務をひとつひとつこなしているうちに、ふと気づけば、知らぬ間に忍び寄っていた老い先の不安。

若かった頃には、想像もしないことでした。平穏な生活はいつまでも続いて当然とばかり思っていたのに、それがある日、伴侶の死によって突然にして断ち切られ、不安と絶望のなかに真っ逆さまに突き落とされるのです。この悪夢から逃れようと、刹那的な楽しみを追い求めることもありましたが、そんなことで、消えてくれるような不安と絶望ではありません。

あるときふと、思ったのです。これから何が起きるかわからないという不安、この不安は、これから何か新しいことが起きるという期待に繋がるのではないかと。安定した平穏な感覚ではないけれど、もっと生き生きとした感覚につながるかもしれない、その先駆けとなる感覚ではないだろうかと。

夫の死後、決して知り合う筈のない人たちとのつながりが持てたのも、これまで知りえなかった別の世界が目前に広がったのも、伴侶を亡くすという辛い経験があったからかもしれません。こんなにも様々な個性を持つ人たちと関係を築けたこと、今までとは異なった眼で世の中が見えるようになったこと、これらはみんな、新しく生きているという感覚に繋がらないでしょうか。

歳を重ねるということは、夢が一つ一つ消えていくことかもしれません。でも、これから起こりうる様々な体験、それがたとえ新たな別れや病や死というマイナスの出来事であったとしても、それをどのような心で、どのような態度で受け止めていくことになるのか、それもまた新しい生への体験に連なっていくのではないのかとも思うのです。

先日、ＮＨＫの「クローズアップ現代」を見て、「希望学」なるものが存在することを知り、新鮮な驚きを覚えました。マイナスの心理状態――不安も恐怖も、排除するのではなく共存していくことを学んでいく、そんな内容の番組でした。これからの私たちの人生には、参考になる考え方ではないかと思いました。

こんな偉そうなことを書きながらも、時折理由もなく襲ってくる不安に怯えているのが、現実の私です。先日長いこと仲間として付き合っていた友人が急死しました。その死を心から悼むとともに、私の人生の一部がまた一つ消えてしまったという想いでした。

人生には悲しいことが続きます。それでもなお、弱さを抱え、不安を抱え、悲しみを抱えながら生きていく、それが本当の意味での生きていくことなのかもしれません。それは幸せに満ち、自信に満ちた生活とは違うものかもしれませんが、優しい眼差しを保ちつつ生きていくことに繋がるのではないかと思うのです。

繰り返し　夫の名呼びし　氷雨街
応え来ぬ　想いを北の　風に乗せ
雪舞いて　背筋伸ばして　パリ想い

4.「立ち直ること」「遊ぶこと」

支える会でお手伝いしていますと、よくこういう質問を受けます。「どうやったら立ち直れるのでしょうか」。「どうやって孤独を克服するのですか」。

伴侶を亡くしたばかりの茫然自失の状態が過ぎ、さまざまの感情に苛まれる混乱状態も過ぎてようやく発せられるそうした質問は、これからどう生きていけばよいのか、そのための何か有効な指針はないのだろうかと模索を始める時期の、もっとも切実な願いから発せられていることがよくわかります。会の代表である長田光展氏が繰り返し言うように、

「立ち直る」ということは、元の自分に戻ることではなくて、新しい環境のなかで生き抜いていく新しい自分を見つけることに他ならないのです。

最近、精神科医の森山公夫という方の言葉に魅せられました。それはこんな言葉でした。「心の病は、現実とか常識とか規律とかの世界と対立し、挫折したことから起こりますが、それから立ち直るということはそれらと『和解』することである。そして和解とは、決してこれまでの世界のままで人間関係を作ることではなく、また丸く納まることでもなく、その人が住んでいた世界とか世間を一段超えた世界で生きることなのだ」。（吉本隆明、森山公夫著『異形の心的現象』筑摩書房　要約）

同じことは、伴侶を亡くした私たちにも言えることではないでしょうか。伴侶を亡くした人がすべて心の病になるわけではありませんが、亡くした直後の「死の否認」状態、つまり感覚または感情の上で愛する人がいまだ亡くなっているとは思えないような状態や、亡くなった伴侶の声や足音が聞こえるといった初期によく見られる状態は、心の病に近い状態と言えるかもしれません。また死別後のショックで、食欲がなくなり、女性であれば食事の支度をはじめとする家事をする気力がなくなったり、人の些細な言葉に傷つくために、つい人と接することを避けて、自分だけの世界に引篭り状態になったりするのも、大きく言えば、これまで生きてきた常識的世界と対立した状況に陥ることで、心の病に似た状態ということもできるでしょう。不安や葛藤のある状態で、常識的世界や現実と無理やり和解しようと思えば、当然ギクシャクとした心理状態になり、また丸く収めようとすれば、すべては自分のせいなのだと自己否定をして、さらなる引きこもり状態にもなりかねません。

では、これまでの常識や、世界を乗り越えた世界で生きるにはどうしたらよいのでしょうか。忽然と悟りを開くなどは、とても出来そうにはありません。でも、ある瞬間、気持ちが別の次元に移動しているのを感じることはよくあることです。例えば、道端の小さな草花にふと歩みがとまって、思わず微笑んでしまうようなときです。

また、こういうことを支える会に参加する方々はよくこんなふうに言われます。「これまでは何も考えずに生きてきた。でも、今は違う」と。

では、その「違い」は、どこにあるのでしょうか。これまでの生活は、伴侶がいて当たり前のごく平穏な日々が続いていました。それが突如として、伴侶を失い、自分の身体の半分、あるいは全部をもぎとられたような感覚に陥ります。これまでとはもう違う世界にいるのだと思いつつも、なおこれまで通りの生活を生き続けなくてはならないのだという苦痛を思い知らされるのです。悲しみや苦しみを知ってしまったのです。

私は三〇代の後半、主婦業から脱却しようと、学生生活に舞い戻り、意気揚々と暮らしていました。その折、恩師がこう言われたのです。「君は知ることの悲しみを知らないね」と。そしてその後夫を亡くしたとき、その恩師はこう言われたのです。「ようやく君も、知ることの悲しみを知ったようだね」。

恩師の言おうとなさったのは、こんなことでした。「生きることは悲しみに満ちている。この世は悲しみに満ち溢れている。生きるということはそれを知ることなのだ」と。この言葉はかなり文学的かもしれません。けれども、当時の私の心に沁みた言葉でした。

何も知らずに生きていることは確かに幸せなことでしょう。しかし知ることによって、悲しみ苦しみが始まります。そのとき、世界はすでに以前のような安楽の世界ではありません。しかし、この時、もし苦悩しているその自分を、一定の距離をおいて見ることができるならば、森山公夫の言う、天井から自分を見ているような世界、吉本隆明によれば、夢幻の世界に、いることになるのでしょう。そしてそれは、新しい世界に生きる「力」ともなるのではないでしょうか。

もう一つの悩みに、「孤独をどう克服するか」があります。前にも書きましたが、若いときに感じる孤独感と、伴侶を亡くし、高齢化してから感じる孤独感とはまったく違います。若いときには孤独を気取ることも出来たでしょう。でも伴侶を失って、年月を経た時に感じる孤独は、その一歩先には死が厳然とそびえています。まして生活の半分、あるいは全部を占めていた伴侶の死を経験しているのですから。何気ない言葉すら交わすことのできない伴侶亡きあとの寂しさはひとしおです。それなのに、私は、そんな方々について「耐えるしかないですね」と言って、しまったことがあります。その「耐える」という言葉は、実は自分に向けられた叱咤の言葉であって、泰然自若とは程遠い自分がそんな発言をしてしまったことを、その直後、とても恥ずかしく思いました。
それでも、私は、時折、若いときと同じように、孤独を気取ってみたい、「遊んで」みたい、と想うことがあります。「遊ぶ」というのは、先に述べたように、現在おかれている自分の状況を別次元から覗いてみるということだと思うのです。たとえば、子供の頃、自分を幽閉されたお姫様と重ね合わせたように、あるいは魔女に姿を変えられた蛙と重ね合わせていたように。今の姿はひとときの仮の姿と想像して、「遊んで」みませんか。あるいは自分を舞台上の役者と想像してみましょう。ただ、シェイクスピアの言うように、生きるということは、人生という舞台の上で自分という役者が演じることと同じですから、役が終わると、哀しいかな、舞台上から、つまりこの世から消えなければなりません。

先に述べた私の恩師の口癖は「この世は仮の姿」でした。そう思うとひどく気が軽くなります。落ち込んでいる自分、寂しがっている自分を天井から眺めてみると、それは、一つの絵のように、あるいは舞台上の人物のように写ります。その姿は思いもかけず、我ながら、可憐で美しかったりします。空想するということは決してマイナスばかりではないはずです。空想は、ひょっとすると重い現実を再認識し、受け入れることに繋がるのかもしれません。
たわごとを書きましたが、どうか皆様も「遊びの心」を持ってくださることを願ってやみません。

フランス風に　タオル畳みて　冬陽射し
華やぎの　傘もて高齢の　歩を刻む
ジャズに酔い　踊りに酔いし　夏の宵

5．不安なあなたへ――あるつぶやき

伴侶を亡くされてから何年経っても寂しいと言われる方、不安が押し寄せてくるという

方、何をしても虚ろな気持ちが充たされないという方にたいして、世間の人はよくこう言います。「生きがいを持ちなさい」、「趣味を持ちなさい」、「今を楽しみなさい」、「過去を振り返ってはいけません」、「前向きに生きるのです」などと。その通りかもしれません。でもそうは思えない、それでは解決にならないと思う自分がいるのです。

さらにこんな追い討ちもかかってきます。「寂しがり、悲しがっている状態に安住したいのですね」、「良い方向に向かおうとする意志がないのですね」などと。本人としては、何とかしなくては、なんとかこんな状況から脱却しなければ、と焦っているのです。そして焦れば焦るほど、深みに陥っていくようです。

でも、本当にそんな状態ではいけないのでしょうか。楽しいにせよ辛いにせよ、過去にこだわり、グズグズしていることはそんなに好くないことなのでしょうか。どれもこれも、ごく自然な心のありようとは言えないのでしょうか。

一番、身近だった、なんでも忌憚無く言える、ときには喧嘩さえ気軽にできていた伴侶が傍にいないのです。寂しく、虚しいのはあたりまえではないでしょうか。そんな伴侶がいなくなったのですから、どう生きていくのか、否、これからよりも、今この時をどう生きていけばよいのかとひどく不安になったとしても当然ではないでしょうか。

気の合う仲間と楽しいお喋りをしたあとでも、その楽しさを伝える相手がいないのです。灯りのついてない家に戻ると、どっと虚しさが押し寄せてくるだけです。楽しい思いをした分だけ辛さが倍加するのです。この虚しさは歳を重ねるにつれて様相を変えながら増幅してきます。一番辛いこと、それは自分の思いを受け取り、受け継いでくれる相手がいないということです。例えば、私がこの世に存在しなくなった後、こんな思いをして懸命に生きてきた人もいたのだと、思い出してくれる人がいたらどんなによいだろうなんてふと思ったりもしてしまいます。

そんな気持ちにこたえてくる特効薬はないものでしょうか。あるとすれば、それは、ひょっとすると、そんなグズグズした自分をまるごと受け入れてしまうこと。駄目な自分、みっともない自分を認めてしまうことかもしれません。グズグズと浸っていられる過去があるということは、むしろ素晴らしいことかもしれないのです。なぜなら不安を抱えるということは、生きていることの証でもあるのでしょうから。

たぶん伴侶が生きていたら、こんな思いが存在することすら気づくことはなかったでしょう。無難な日常生活が永遠に続くものと思っていたような気がします。伴侶を亡くしてはじめて、生きることの虚しさを感じたみたいです。虚ろな自分、未来の描けない自分と向かい合うことが、一瞬一瞬の今の感覚、今の想いを受け止めて生きることが、本当の意味で生きていることではないのかという気がするのです。

とても辛かったとき、谷村新司の暗い、暗い歌に心を漂わせながら、眠りについていた夜が幾夜もありました。晴れた日よりも曇り空の方が、雨に濡れる日の方が、落ち着きました。

英国にT・S・エリオットという詩人がいます。その人の有名な詩 Waste Land（「荒地」）に「じっとして待つのだ、望みなく待つのだ、愛なくして待つのだ、考えずに待つのだ」という一節があります。その詩に巡りあったとき、この絶望的とも思われるフレーズに、なんとも言えない安らぎを覚えました。「望み」も「愛」も「考え」も無い絶望の日々を受け入れてもらえたような悦びにも似た感覚でした。

どんなに辛くても、どんなに虚ろでも、望みなく待っていると、どんよりと曇った空に薄日が差すように、ふと、安らぎの心が暗闇の底から浮かび上がってくることがあります。道端の石ころの形の確かさが目に飛び込んでくるとき。葉の落ちた冬の樹木が、大空に毅然と立ち向かう巨人のように見えだすとき。そんな瞬間に出会うまで、待ってみたいと想うことがあります。

虚しくて　「猫」をひもとく　残暑かな
絶望の　向こうに絶望ありと　知りながら　吾行き逝く　ドン・キホーテのごと

6．先生からの手紙

この手紙は、今から三〇年ほど前の一〇月、夫を亡くしてまだひと月とたたない頃の私に、恩師から届いた手紙です。とても心に残る手紙でした。こんな内容の手紙でした。

その後いかがでいらっしゃいますか。

人の世の悲しさのどん底を見つめて生きつづけなければならないのが、人間の本質的な状況なのかもしれません。それに耐えられる人と耐えられない人、どちらがいいともいい切れない、人それぞれの宿命でしょうね。

秋風の身にしみる頃となりました。私は難しい本を讀んでいると頭が痛くなりぼんやりと坐っていると今は亡き友のことばかりがしきりに脳裡を去来します。それでいても立ってもいられなくなると近辺を歩きまわるのですが、四季折々の花を眺めているときだけ安らぎをおぼえます。今は萩が少し盛りをすぎ　キンモクセイのよい香りがみにしみます。ススキ野を歩いていると牧水の淋しさが思い出されます。私の近辺は歩くのに都合がよく、すぐ疲れますので遠出はなかなかできませんが淺川の堤を歩くとカモメがもう来てます。あなたのところは歩くのに向いていないようですね。私は歩くことによって救われている面が大きいと思いますので、あなたにも歩くことをすすめたいのですが、甲州街道と環八と中央高速が近くを走っている繁華街では、それも無理しょうね。長く住みなれたところだから引越しは無理でしょうが、住むには田舎がいいですね。慰めを与えてくれるのは自然、たとえそれが人工の自然であっても、人の心にくつろぎを与えてくれるのはやはり自然だと私は思います。もっとも私は病気だから余計気が弱くなって、自然に逃避しているのかもしれませんが、もう人間関係のいざこざには疲れ果ててしまいました。

あれからもう二十日余り経ちますね。落ち着いてくると、余計切なく、悲しく、苦しい日々がいっそう辛さを増して行くものと思います。私にはお慰みの言葉もありません。ただ祈るのみです。深遠を見つめて生き抜いて行ってくれるように、祈るのみです。

十月五日

阪田勝三

山本洋子様

（句読点、仮名使い原文のまま）

この手紙はまだ夫の死が実感できず、呆然としている私に届きました。今になって読み返すと、愛する人を失って初めて、生きることの厳しさ、孤独を知らされた私に、そこから真に生きていくことの意味を教えてくださっている手紙であったような気がします。この手紙以降、かなり頻繁に、私は悲しみや辛さや迷いを手紙に書いてはお送りしていました。そのつど、先生は毎回すぐ返信をくださり、それは六〇通にも及びました。まだ支える会がない時代でした。私は自分の混乱した感情がどこから湧き出てくるのかわかりませんでした。そうした混乱した想いを書き続け、それに対して、いつも深いところから発せられる先生の言葉に支えられて、今日まで生きてこられたように思います。

もう一つ、今読み返してみると、その当時まだ七〇歳前後だった先生がすでに感じられていた悲しみが、今になってとてもよく理解できるのです。老いの悲しみ、歳を取ることの悲しみは、孤独を増すことだと先生は良く言われていました。その頃の先生は、亡くされたご親友を、そして青年の頃に亡くされたお母様のことを、五十年経ったその頃もなお後悔と罪悪感を持って偲んでおられました。もうこれ以上、長生きしてさらに寂寥感を味わいたくないと言われていた先生でしたが、その十年後の八十歳のときに、最愛の奥様を亡くされました。そのとき先生が噛みしめられたに違いない様々な想いを、今にして推察できる思いです。それは私が高齢者になったからでしょうか。老いて生きることへの恐怖を感じ始めた今でこそ、先生の助けが欲しいと思うこの頃の私です。最初に頂いたこの手紙は、すでにそれに答えを出してくださっているような気がするのです。

散歩をして道端の草木や花々の美しさをこの頃になってようやく知るようになりました。若かった頃の傲慢さを反省する年齢に達して、ようやく生きることの苦悩や、人の心の痛みが少し判るようになりました。それでも今になってもなお、先生にとても語りかけたいと思うし、いまだに助言がほしくなるのです。

ほの白き　月を抱きつ　枯れ葉道
コオロギと　下弦の月に　導かれ

7. 喪失から生まれるもの

伴侶を亡くしたとき、私たちは自分の身体の半分をもぎとられたような、あるいはすべてを失ったような喪失感を覚えます。そんな苦しみの上に、さらに重ねて大切な身内の誰かを亡くしたり、ペットを失くしたりすることもあるでしょう。それは想像するだに耐え切れない苦しみに違いありません。喪失はこれだけにとどまりません。伴侶を失うことでこれまでの対人関係を失い、経済的支柱を失い、子どもが結婚したり、自立したりすれば、なおのこと侘しさを感じることにもなるでしょう。その上、定年などで職を退くことになれば、人生の役割もなくなり、年齢を加えていけば、若さという活力も失う辛さを味わうことになります。

そんな時、人はどのように自分と対峙することになるのでしょうか。不平不満を言い続けるかも知れません。この世は不条理だとわめいてしまうかもしれません。だれかれ構わず怒りをぶつけてしまうかもしれません。他の夫婦が二人そろって歩いているのを見ては、羨ましく感じたりするかも知れません。おろおろして何もできず、ただうずくまって引きこもってしまうかもしれません。

でも、そういうことすべてを、ただ見苦しいと片付けてしまってもよいのでしょうか。そんなことはないはずです。人はそのようにしてあちらこちらにぶつかり、転がりながら、自分の迷いや苦悩と付き合わざるを得ないというのが、むしろ自然体なのではないのでしょうか。人はそう簡単に現実を受け入れることはできないのです。

3・11の東北大震災のあとの支える会で、一人の方がこのようなことを言われました。「あの災害で家族や家を失った方々に比べれば、私の辛さなどたいしたことではないのかもしれません」。また、このようなことを言う方もおられました。「地震で家族を亡くした方の気持ちは全国の方が理解して弔ってくれるけれど、私の場合は、私の悲しみを誰もわかってはくれません」。

どちらの発言も率直な想いから発せられたものに違いありません。特に私には、後の方の述懐が身に堪えるように響きました。私自身が、夫を失った二年後に起きた御巣鷹山の飛行機墜落事故の折、同じ思いをふと抱いたのを思い出したからでした。このような思いは、顰蹙を買いかねない想いかもしれません。しかし、伴侶を失ったばかりの者には、そんな社会の思惑など返り見る余裕はないのも確かなことです。自分と同じ立場で、同じように、共に嘆いてくれる人がいてくれたら、あるいは大勢の人が自分と同じように伴侶の死を悼んでくれたらと、つい夢見てしまうのです。

伴侶や大切な人を亡くすことは、比較の問題ではないのです。また、数字や統計で表される問題でもありません。事故や災害のニュースでは、犠牲者の数が多ければ多いほど大変な大事故として報じられがちで、世間もそのように反応します。でも、死別という個人的な問題に関する限り、数字ではないのです。個々の悲しみは、それぞれにおいて、かけがえなく大切な悲しみなのです。悲しみにはそれぞれに個々の背景があり、物語があるのです。悲しみ自体は、それぞれの人にとって、等しくかけがえのないものなのです。

喪失の悲しみ、辛さは、比較できないものだということです。愛する人を亡くされた方にとっては、いつも自分の体験が一番辛いのです。私自身こういうふうに言われたことがあります。「もっと辛い想いをしている人がいるのだから、自分が一番辛いなんていうのは傲慢ではないか」と。その通りかもしれません。でもこういう言葉を聞いて、私は淋しく思いました。「ああ、私の悲しみはとてもわかってはもらえないのだ」と。「支える会」に参加される誰もが、自分の辛さこそが唯一特殊なのだと考えても当然なのです。

ですが、「支える会」に参加して、自分の悲しみや辛さを率直に語るうちに、また他の方の話に耳を傾けるうちに、自分ひとりだけの辛さではないことが、悲しみは分かち合えるものだということがわかってきます。それでもなお、ときに悲しみの輪の中に溶け込めない方もおられますが、それを非難することは決してできないのです。その方の悲嘆がしばしば想像を絶するものであるからです。でも、そのような場合でも、その方は心の中で「誰か自分の気持ちをわかって！」と願っています。

理解して寄り添ってくれる人さえいたら、あるいは、他者の悲しみを想像しうる、そんな優しさ持った方がただ黙って寄り添っていてくれさえすれば、悲しみや苦しみは雪が解けるように徐々に溶けていくものではないでしょうか。そして悲しみ、苦しみが解けるにつれて、こんどはその人自身のなかにも、優しさの感情が生まれてくるのではないでしょうか。

そんな優しさが生まれてくるとともに、悲しみや辛さを自分なりに背負っていく勇気も生まれ、これから起きる様々な変化に向き合っていく勇気も生まれてくるかもしれません。様々なことが見えるといのは辛いことでもありますが、また、ささやかな喜びに繋がることではないのでしょうか。そんなふうに生きていくことが、本当に生きることではないでようか。

モクレンは　余震つつみて　白溢る

8. 曖昧に耐えて生きる

いつも会の司会進行役務めているものとして、しばしば戸惑うのは参加者の方から、スタッフの方はどうやって立ち直ったのですかと尋ねられるときです。「いまだ立ち直ってはいないのです」などと答えれば、立ち直る努力をなさっている皆様のこれからにたいして、不安と絶望を与えてしまうことにもなりかねません。かといって、もう何の不安も悲しみもなく、毎日元気溌剌と生活しています、などと言えば嘘になります。確かに当初の突き刺すような悲しみは癒えたかもしれません。一人で生活していくだけの生活技術も少しは身についたかもしれません。あるいはささやかな楽しみに心をそっと紛らわせるコツみたいなものも会得したかもしれません。けれども、その代わりに忍び寄るのは、病気への不安、老いることへの不安、そして何より孤独に対する不安なのです。いまだにそれらの不安の解消になる決定打や秘策は何一つ見つからないのです。宗教に頼れば一番よいのかもしれません。あるいはいっそのこと、そんな不安は無視して、とにかく日々楽しむことに精を出せばよいのかもしれません。

私の場合、教会にも通ってみたり、夫の死などまったく知らない人たちとはしゃぎまわったりもしましたが、どれも解決策にはなりませんでした。ただ仕事があったので、そしてその仕事が楽しかったので、それで救いになったことは確かです。でも仕事からリタイアした今、再び新たな不安が前より激しく襲ってきているような気がしています。「今まで働いてきたのだから、これからはのんびりしよう」と思う一方で、「もう死まで余り時間がないのだから、無駄なことはしていられない」という思いがどこかでぶつかりあっているからかもしれません。

最近ある方がこういう発言をなさいました。「伴侶を失ってからは、生きている意味を感じません。ですから、死を選ぶことが必ずしも誤りではなく、生きていくことが必ずしも正しいとは決め付けられないのではないでしょうか」と。とても重い発言でした。この方の苦悩はとても誠実で、私にはよく判るのです。私も幾度か死を考えたことがありました。事故か何かで死が突然訪れてくれたらと願い、また、生きていてはいけないのだ、ましてや生きて楽しむなんてとんでもないと、生きていることへの罪悪感すら抱きました。それでもなお、人は死が訪れるまでは生きていかなければならないのでしょう。私は悩み続けていました。

かつて、「ネガティヴ・ケイパビリティー」（negative capability）という言葉を大学院で恩師から教わりました。「消極的能力」と訳されています。英国の詩人キーツの言葉です。

その意味するところは、「不確実なこと、不安や怖れなど、否定的なことを否定的な状態のままに耐えて、保留する力」「どちらかに決断するのではなく、どっちつかずの曖昧なことを曖昧なままにしておく能力」ということになるでしょう。

伴侶を亡くしたとき本当に死んだ方がましだと思うことがあります。私もそう思いました。ぐずぐずと未練がましく生きていくことが恥ずかしいような気がしました。伴侶を失ってよく平然と生きていられるねと、周りから言われているような気すらしたものです。でも、そんなふうにして、死を決断することもなく生きていくことの方が、ずっとエネルギーのいることではないでしょうか。死に限らず、どちらが好いか悪いか判断がつかないときに、どちらつかずの不安定を不安定なままに耐えることの方が、どれだけエネルギーを要することでしょう

先日、「いのちの大切さと自尊感情――心的外傷後の成長について」という題での講演会に参加しました。主に青少年の心理についてのお話でしたが、その中で「曖昧性耐性」という概念が紹介されていました。「今の青少年は人間関係を余りにも密接にしすぎるか、あるいはまったく疎外してしまうかのどちらかで、曖昧なまま人間関係を保つことに耐え

られない」というのです。ところがその際にも、「基本的自尊感情があると、曖昧性耐性ができて、良好な人間関係が成立するのだ」と、その先生は話されていました。私なりの多少の誤解はあるかもしれませんが、この考え方は、私たち伴侶を失ったものにも有効な考え方ではないかと思ったのです。「基本的自尊感情」を失わない限り、そこには「曖昧性耐性」というものが成立するという点、これはつまり、先ほどの negative capability と相通じるものがあるような気がして、感慨深く伺いました。

伴侶を失うということは大きなトラウマになります。目標が突然消え去り、人間関係が変化し、壊れてしまったりして、自分は生きている意味がないような、活き活きと生活している人から疎外されたような気持に襲われます。すると今度は、自らそうした人々とのはかかわりを持ちたくないという思いに襲われ、また、逆に、自分の気持ちをわかってくれそうな誰かに、自分を丸ごと投げ出して依存したいと思ったりします。

ですが、大抵は、そのどちらもできず、不安定な気持ちのまま生きていくのではないでしょうか。無理矢理どちらかの選択を自分に迫ることなく、納得のいくときが訪れるまで、どちらにも決定できない不安定さに耐え、模索しながら生きていくことが本当に生きていくことではないでしょうか。そうやって生きることができているとき、それがすなわち、立ち直ったといえる状態なのかもしれません。

ネクタイを　締めて踏み行く　夏草や
紫の　アネモネ冷気に　凛と立つ

9．コップの水

よく人の性格を類別する譬えとして、こんなことを言います。あなたは、コップに水が三分の一入っているのを見て、「まだあと三分の一残っている」と思うほうですか、それとも、「もう三分の一しか残っていない」と思うほうですかと。皆様はどちらでしょうか。ひょっとすると、前者のほうが前向きで良い、という考え方をするのが一般的なのでしょうか。

私は三十年前、夫を亡くしてすごく辛かったときに、ある親戚の人にこう言われました。「まだコップの水はこれだけあると思わないとね」。そのとき黙って聞いていましたが、心の中で凄く反発を覚えていたのです。反発を感じながらも、否定的な考え方しかできない自分がいけないのだと、さらに自己否定的な気持ちに陥りました。思えば、そんな気持ちのまま、ずっと年月が経っていました。

ところが昨年、とあるきっかけで、大野裕さんの講演を聴きに行きました。認知行動療法で有名な精神科医です。そこでコップの水の話が出てきたのです。「もう水はこれしかない」と思うことが如何に大切なことかというお話でした。水はまだあると考えるのではなく、水はもうこれしかないと考えることこそが、現実を真正面から見つめることに繋がり、そうした意識から現実に対応することがいかに大切かというお話でした。その話を聴いて、初めて私は救われた想いがしました。

どうしてなのでしょう。自分でもどうしてなのかよく判りませんでした。ただ、水はこれしかないと思うことで、ある種の覚悟ができて、心が透明になれたのではないかと思うのです。余り適切な喩えではないのですが、「武士道とは死することとみつけたり」という精神が、武士の心を研ぎ澄ましていたように、同じような心の動きが、私のなかにも働いて、はっとしたのかもしれません。

ところで、私は実年齢が完璧に高齢者になってから、あと何年も生きられないのだと思い、よく恐怖感に駆られるのです。多くの方は、残り少ない人生だから今のうちに精々楽しんでおこうと考えるかもしれません。この考え方も「コップの水がこれしかないのだから、その事実を受け入れよう」という思いから出てくることなのかもしれませんが、先ほど述べたことと矛盾するようですが、この考え方にも、私はどこかしっくりしないのです。現実を見つめているようで、なんだか現実から逃げているような気がするのです。そう感じるのは、「今のうちに精々楽しもう」という思いに、どこか享楽的、刹那的な響きがあるからなのでしょう。ただ楽しむのではなくて、一日一日をいとおしんで、大切に生きていきたいと私は思うのです。その方が、透明な覚悟に繋がるような気がするのです。

すると又もう一人の私がつぶやくのです。「そんなに毎日真剣勝負で生きていたら身が持たない」とか、「人間、ゆとりある遊びの心が必要ではないか」とか。そうこうするうちに、実年齢とは無関係な、私の中の別の精神年齢が叫ぶのです。「私だって若いときと同じように、憧れを持ち、大空を駆け巡ったり、街や森を彷徨いたくなることもあるのだ！」と。真剣に残り少ない現実を見つめる心と遊びの心とは、両立できないものなのでしょうか。

二十紀前半の女流作家にヴァージニア・ウルフという人がいます。その人の作品に『ダロウェイ夫人』という小説があります。映画にもなりましたのでご存知の方もおられるかもしれません。

ヒロインのダロウェイ夫人の、とある一日のめまぐるしく変化する意識の流れでこの小説は成り立っています。ダロウェイ夫人は上流階級の初老の女性です。その日開かれるパーティのために、いそいそと花を買いに行くところから物語は始まります。パーティの準備のために彼女の心は喜びに溢れています。飛行機雲や木の葉のささやきや、今夜着る緑のドレスの綻びを繕う針の運びにも喜びを感じるのです。そして想いはたびたび若かった頃の光り溢るる情景に戻るのです。また一方ではとんがった感情——些細なことにたいする苛立ちや怒り、憎しみ、ジェラシーなどの感情にかき乱されたりもします。昔夫人に恋をしていた人が突然訪ねてきて、昔のままに夫人にたいする熱い想いや苛立ちをぶつけたりするからです。また、娘の家庭教師が依怙地な、狂信的傲慢さで夫人に対応したりします。年を取って生きることの困難さや、孤独さを感じ、時間がこぼれ落ちる不安をおぼえたりします。

そんな様々な想いのなかを、議事堂の鐘の音とともに時間が流れ、そしてパーティが開かれます、宴もたけなわになったころ、一人の精神を病んだ若い男が窓から身を躍らせて死んだという知らせが、パーティに参加していた精神科医のところに届きます。この若い男はやはり議事堂の鐘の音とともに、ロンドンの街で、幻覚の内に移りゆく時をさまよっていたのです。若者の幻覚は、ダロウェイ夫人の移ろう想いと同時進行でこの小説に描かれています。まるでダロウェイ夫人の影のように。夫人の繊細な神経、不安や恐怖を具現している人物でもあるかのように。

若者の死のニュースを聞いた夫人は、突然炎が燃え上がり、全身が焼けるような感覚に襲われます。そして自分も含めて、パーティに参加している人々すべてが腐敗に満ちた生を歩んでいるように思えます。人々は欺瞞や嘘やお喋りで時を滴らせ、大事なものを薄汚れさせ、その間にも歓喜は色あせ、ますます本質から遠ざかるというのに、それとも知らずに老いに向い、死に向っている。青年はそんな生を断ち切って、身を捨てたのだ。そうすることでありきたりの生に、上流階級の安穏とした自己満足的な生に挑戦し、死によって大事なものを守ったのだ、と夫人は考えます。死のなかにこそ、生の本質があり、死にこそ抱擁があるのだと夫人は思うのです。

夫人はそっとパーティの席を離れ、小部屋に入ると、窓からは偶然、向かいの家の老女が寝床につこうとしている姿が目に留まります。その静かな、着実な動きを見て、夫人は救われる想いをします。夜に向い、死に向って刻まれる時を静かに受け入れ、恐れず、臆せず、着実に生きている老女の姿に、夫人は魅惑されるのです。「もう怖れるな、灼熱の太陽を、激しい冬の嵐を」という言葉を思い浮かべつつ、夫人はパーティの席に戻り、別れを告げる客たちを見送る夫人の立ち姿で、この物語は終わっています。

何故私がこんな不思議な小説を持ち出したのかというと、老いてなお、あらゆる感情を受け入れ、決然と日常を生きていくこの夫人の姿に心惹かれるからです。不安や怒りや憎しみを感じつつも、それでもなお、ときには甘い過去に身をゆだね、そこに心を遊ばせ、何気ない日常の一瞬一瞬に限りない愛情を注いで生きていく夫人の姿に魅了されたからにほかなりません。

そんなふうに、残り少ないコップの水が徐々に減っていくように、ひとしずくひとしずく零れ落ちる時をいとおしみながら、一刻一刻歩めたらと、思うのです。

10. ときには無茶苦茶な嘆きを

先日、山田太一のテレビドラマ「よその歌わたしの唄〜」を観ました。その中で柄本明が突然妻を亡くした中年男性の悲嘆を熱演しておりました。柄本演じるその男は、妻の死が余りに辛くて、妻のいない家に帰りたくなくて、知り合ったばかりの男性（渡瀬恒彦演じる元大学教授）の家に三日も泊り込もうとして嫌がられます。

渡瀬演じる元教授の方も、停年後やっとやり始めた計画も頓挫して苦しんでいるのですが、柄本演じる男は、そんな元大学教授の苦しみなどにはお構いもなく、妻を亡くした自分の悲しみのほうが遙かに苦しいのだと、滅茶苦茶なことを言い張ります。そんな男性の姿に、私は思わず共感を覚えました。夫を亡くした直後の私自身の無茶苦茶な感情を思い出したからです。あの時自分もこのドラマの男のように、その感情を誰かにぶつけられたらどんなに良かったかと、思ってしまったくらいでした。

確かに、伴侶を喪ったばかりのころは、他人の思惑などはなかなか目に入りません。人がためらいがちに差しのべてくれる慰めの言葉ですら、腹立たしいものに感じてしまうことがあります。すると相手も自分の好意が無視されたと怒り出します。渡瀬演じる元大学教授も、「俺の気持ちが分かってたまるか！」と怒鳴る柄本に、「ああ分かるもんか！」と怒鳴り返して、ひと騒動になります。

伴侶を亡くした人の悲しさ、苦しさは、確かに亡くなった伴侶のことを思っての悲しさ、苦しさなのですが、それだけではなく、残された自分を哀れと思う気持ちも確かにあるのです。残された自分の気持ちは、人には到底わかってはもらえないという、絶望感にも似た思いがある一方で、わかってたまるものかという気持ちもしばしば共存することがあります。ですから、このドラマの男のように無茶苦茶に喚きたくなるのでしょう。

「支える会」のセッションの一つに、「怒りと不当感」を扱うセッションがあるのですが、このセッションでも、「どうして自分だけがこんな目に合わねばならないのか」という不当感については多くの方が語られるのに、怒りについては、ほとんどの方が「怒りはありません」と答えて、怒りの感情を露わにすることはありません。死者のことについては事を荒立てずに静かにしていたい、激しい感情表出は出来る限り避けたい、という日本人特有の心情が、グリーフ・ケアの場にも現れているのではないかと思うことがあります。

私自身、こんなことがありました。夫を亡くしてしばらくしてのころでしたが、母方の従妹が、私を慰めようと自分の父方の従兄のところに、私を連れて行ってくれたのです。

それ以来その方と妙に気が合って、時折電話で長話を楽しむようになりました。その人は、結婚もせず仕事にも就かず、長年母親と二人で暮らし、母親の介護をしていました。

その母親が亡くなって、葬儀の席での様子がもれきこえてきたのです。葬儀の席で、彼がひどく荒れたというのです。司法浪人という名目のもとで、仕事にも就かず母親に依存してきた彼だっただけに、その場にいた親戚の人は眉をひそめたとのことでした。異様な光景であったことは容易に想像がつきます。けれども、認知症気味の母親を愛しげに、世話していた彼の姿を見た私にとっては、最愛の母を亡くした彼のやり場のない怒りが痛いほどわかる気がしました。

こうした状況に陥ったときどうすればよいのでしょうか。思う存分喚いて、当り散らすのも一つの方法かとも思いますが、ただそうすることで困るのは、周りの人がどんどん離れていってしまうことにもなりかねないということです。場所柄や状況をわきまえて、なんとか自重できることが望ましいのですが、遺された者にとって、それは必ずしも容易なことではありません。

やはり大切なのは、周りの人たちの理解だと思います。こうした場合のやり場のない

「怒り」や「錯乱」は決して恥ずかしいことでも、特別のことでもなく、人生の危機に直面したとき起こりうる、ごく自然な感情であることを、本人は言うまでもなく、周囲の人も理解することが大切なのではないでしょうか。

私事になりますが、最近私は転倒し、骨折をして、入院手術を受ける羽目になりました。入院を覚悟したとき、どういうわけかひどく気持ちが安らかになりました。自分のなにもかもを放り出して、他人にゆだねてしまうことの安らかさとでも言ったらよいでしょうか。たぶん信仰とはこういうことかも知れないと、日ごろ不信心な私ですが、そのときそう思いました。

勿論伴侶を亡くすことは骨折などと比べものになりません。伴侶を亡くすことは半身、あるいは全身もぎ取られたような苦しみを味わうことなのですから。けれども、人はどうしようもない状況に陥ったときは、その状況を受けいれ、何か大いなるものに身を委ねられたらと思うこともあります。できることなら、そういう状況にある方に出会ったら、その方のやるせない無茶苦茶な気持ちをそっと受け止めてあげていただけませんでしょうか。

苛立ちて　受話器当てつつ　雨眺む

11. ときには振り返ることも――母のこと

この頃歳をとったせいでしょうか、未来に希望が持てなくて、というより未来が無いような気になって、考えるのは過去のことばかりです。「ああでなかったら、こうでなかったら」という想いが私の心を揺さぶって、心にえぐるような痛みを生じることがあります。また、ときおり「ああ、私にもこんなことがあったんだ」と思い返しては慰められ、勇気付けられることもあります。いずれにしろ、ときには過去を振り返ることが、今を生きるこの日々を確かなものにしてくれるような気がするのです。

最近、母のことをよく思い出します。母のことを私は小さいころから好きになれませんでした。いつも母から否定されていたからです。継母ではないかと思ったくらいです。でも、嫌だなと思いながらも、冷静な目で見ていたような気がします。戦後、戦地から帰ってきた父に働く場は無く、貧しさのどん底のなかで母は進駐軍の雑役婦として働き、祖母や子供たちを養うのに精一杯でした。子供の気持ちなど頓着する余裕がなかったのも当然かもしれません

今でも鮮やかに記憶に残っている一場面があります。戦後四年ぐらいしてからのことでしょうか。当時仙台に疎開していた私たちが、一足先に東京に戻る叔母一家を駅まで見送ったあとのことでした。母は年老いた祖母を休ませる必要があると考えたのでしょう。駅近くの食堂に祖母と私を連れて入ったのです。私にとっては生まれて初めてのレストランでした。今思えば、レストランというよりは駅に付随していた殺風景な食堂のようなところだったのでしょう。なんと、母は、三人で紅茶一杯を注文したのです。祖母だけが飲んだのか、三人で回し飲みしたかは覚えてはいません。私は少し驚きましたが、お金がないことはよく解っていましたから、仕方のないことと思っていたような気がします。でも、

それ以上に気になったのは、近くのテーブルで、若い女性が一人で幾皿もの料理を食べていたのですが、その女性を祖母と母が敵意を持った目で見つめていたことでした。その母達の視線を、私は今もなおありありと思い出すのです。そのような母たちに感じたのは嫌悪に近いものだったと思います。けれども、一つの現実として冷静に、客観的に受け止めていたよう気がします。

母とは違う生き方をしたいという思いが芽生えてきたのは、その頃からだったように思います。高校生の折には、父の仕事も見つかり、暮らしも安定してきました。ゆとりのできた母は、急に私の行動にばかり関心を集中するようになったのです。ともすれば小説ばかり読み耽っていて、不勉強な私をなじるようになりました。私の精神的悩みごとに耳を傾ける様子はみじんもありませんでした。私は私で、もうとっくに母から独立した大人だと想い込んでいましたから、そんな母の小言を適当にやり過ごしていました。母にとっては扱いにくい娘だったことでしょう。

ところが、母から離れて暮らしたい一心での結婚でしたのに、一年も経たないうちに、様々の事情で実家に住むことになってしまいました。母は、娘に日常生活の躾をしてこなかったことに気付いたのか、私の家事のやり方一つ一つに干渉するようになりました。

母は今なら、エコを実践した人としてもてはやされたことでしょう。母の節約ぶりは徹底していて、よく叔母とその頃のことを話しては笑ったものです。例えば、お湯を沸かすのに水から沸かすのは不経済だと、一升瓶に水を入れて廊下の日向に出しておき、そこからやかんに入れるのです。またお風呂を沸かすと、その残り湯で洗濯するのはもちろんのこと、その洗濯水、またすすぎに使った水を盥にためて（当時、洗濯機は排水するのに管から風呂場に流すような仕組みでした）、それで雑巾がけをするのです。最後の一滴まで再利用しなければ、次のお風呂を沸かすことはありませんでした。またシーツは傷みやすいからと絶対に洗濯機にかけることを許しませんでした。真ん中が薄くなったシーツは、縦半分に裁断し、端を縫い合わせ、再利用していました。母にとって余暇は贅沢であり、買い物をするのでなければ、散歩は無駄であり、手仕事をするのでなければ、テレビを見るのも時間の無駄でした。

母の最大の節約ぶりは、私の夫が亡くなったときに発揮されました。葬儀場を使うのは無駄だと、家で粗末な葬式を挙げるよう主張したのです。精進落としもなければ、危うく読経も割愛されるところでした。二つの和室はぎゅうぎゅう詰めで、廊下や庭に人があふれるような状態でした。母にすれば、そんなに大勢の弔問客が来るとは考えていなかったのでしょう。呆然としていた私は、周りの人たちのただなすがまま、任せるよりほかはなかったのです。

そんな母に対する反発や不当感も、歳を重ねるとともに和らぐのを感じるようになりました。戦後の厳しい食糧難の時代、子供たちに食べさせるためだけに必死に生きてきた母、私が結婚して家を離れるとき、「自分を一人っきりにするのか」と泣いた母、夫を亡くした私を、自分が守るんだと言わんばかりに、私の行動の逐一を監視した母、七十代になってから海外旅行を子供みたいに無邪気に楽しんだ母、八十代には、家の中で、こまごましたぼろきれを捨てることもなく、ひたすらつぎはぎしていた母、叔母との長電話を唯一の楽しみにしていた母。そのような母に、あの戦後の厳しい時代を懸命に生き抜いた強靭な精神さえ感じるようになったのです。

母に反発し、母とは異なった生き方をするのだと、自己を育てることばかり考えていた自分の生き方は、今思うと、ある種の傲慢さがあったかと思います。けれども、一方では、母の記憶は、いまだ書くことも語ることもできないでいる夫の病と死、またそれを巡っての親戚との確執にも繋がって、ともすれば、怒りや後悔や罪悪感を呼び起こしてしまうのです。

過去を振り返ることは、決して甘美な思い出だけではありません。私の場合、自分を苛むことの方がはるかに多いのです。けれども高齢になった私には、それが生きる支えにもなっています。夫を亡くしてもはや三十年を過ぎ、夫と過ごした年月をはるかに超えて生きてきたこの頃、過去を振り返り、「ああすればよかった、こうすればもっと違った人生になっていた」という悔いのような想いとともに、「こうするしかなかったのだ、こうしなければ生きてこられなかったのだ」という想いとが絶え間なく交錯します。でも、そうした過去を、避けえない一つの運命と考え、受け入れることによって、ますます厳しくなるであろうこれからの日々をも受け止めることが出来るような気がするのです。

反発していた母と同じように、いつのまにか節約の気持ちが働くようになり、、物がなかなか捨てられずにいる私ですが、今なお、母とは違うのだと、読書をし、ニュースを見ては世界を憂いたりしている私もいて、ときに誇らしく想うこともあります。

わずかな誇りではありますが、このわずかな誇りを抱きながら、一日一日を積み重ね、それらが次々と過去へ押し流されて一つ一つの追憶となり、その追憶がいずれ訪れてくる本当の老いの日の慰めとなったたらと、心から願うのです。

12. こぼれおちる「とき」

夫を亡くして三一年目に入るこの頃、なお一層侘しさ、不安、孤独感に襲われます。それは歳を重ねて、残りの時間が少なくなったからでしょうか。一方では、その生きていく時間が残り少なくなったということが、一瞬一瞬の時の流れをとても愛おしいものに感じさせてくれることも確かなようです。

朝目覚めて洗濯物をお日様に干し、朝食の珈琲を淹《い》れることにふと喜びを覚えることがあります。そしてまた、予定していたこと、たとえばどなたかとお会いしたり、楽しみにしていた行事が終わったりしたとき、ああ、これでまた「とき」が一つはらりとこぼれ落ちたなと思い、満足感とともに侘しさを感じるのです。それは、もしかしたら、二年ほど前から完全に仕事から離れたせいかもしれません。

以前は、その日その日の仕事や雑事に追われて、自らを省みるゆとりもありませんでした。夫が亡くなったころも、それ以降も、しばらくはまだ若さのエネルギーがあったせいでしょうか、不安や孤独を紛らわすために無暗やたらと外出し、人と付き合ったりしていましたが、この頃はそうしたことにも疲れを感じるようになりました。やはり年老いたのでしょう。

ところが困ったことに、幾つになっても、自分はまだまだそんな年寄りではないと思う気負いがどこかにあるのです。それでいて気持ちの上では、すでに若い人と同じではありません。四十代、五十代、六十代の頃までの私は、私の子供に当たるような年齢の方々とも、まるで同年配の友人同士のような感覚でお付き合いできていましたが、それがいつの間にかできなくなりました。どこか気持ちの隔たりを感じるようになったのです。だからといって、昔、お世話になった恩師のように、その若い友人たちに伝えられるような素晴らしい言葉があるかというと、それほどの賢さも持ち合わせてはいません。素敵なお年寄りになり切れずに、ただ中途半端にウロウロしているというのが実情のようです。

そんな折、年齢のことなど感じずにお付き合いできたある方のことを痛切に思い出すのです。長年続けている太極拳教室で知り合った方でした。何年もの間、週に一度の太極拳が終わるとビール片手に夕食をご一緒することが続きました。Jさんというその方は、ご本人の言葉によれば私より一回り以上年上だったようですが、お付き合いしていただいていたころは、今の私と同じぐらいの年齢だったかと思います。小柄でいつもにこにこしていて、身体の柔軟さは当時の私さえとてもかなわないほどで、でんぐり返しを軽々となさっていました。いつも愛らしい品の良い洋服を着ていらしたJさんは、決して自分がお婆さんであるとは認めませんでした。「私のことをお婆さんなんて言ったら、ぶっ飛ばすから」と言っては、お茶目ぶりを発揮していました。私自身も彼女のことをお婆さんなどと意識したことは一度もなく、まったく対等なお友達として話していました。隣に住んでいる娘さんのことを私に話すとき、彼女はいつも「隣の人」と言い、お孫さんのことも決して「孫」とは言わず、たまたま私の出身大学と同じであるので、「山本さんの後輩」という呼び方をしていました。

Jさんと親しくなれたのは、彼女が辿った人生とある点で共通したところがあったからかもしれません。彼女は二十歳になるかならないうちに結婚すると、一か月もしないうちにご主人は戦死されたとのことでした。それから女子医大に入って医者になる筈が、病気になって中退し、従兄だった今のご主人と結婚させられたのだそうです。青年になった息子さんが自ら死を選ぶというとても辛い出来事があったようですが、それも淡々と話されるのです。私と知り合った頃は、ヤマハオルガン教室で電子オルガンを教えていましたが、そうしたもろもろの人生を、彼女は洒脱な江戸っ子風に話されるのです。最初のご主人を前亭と呼び、今のご主人を今亭と呼んで、今亭に比べて前亭がいかに優しくて、背が高くて、ハンサムだったかということ、それに比べて「今亭はずんぐり、むっくりしているの」とか。「前亭との結婚式の写真（それが残されている前亭の唯一の写真だそうです）を眺めていて、今亭に怒鳴られたの」などと、べつに今亭を非難している風でもなく話されるのです。アガサ・クリスティが大好きで、百冊もある全集を通して読み終わると、また第一巻から読み直すのだと言っていました。シューベルトの歌曲をドイツ語で口ずさんだこともありました。そんなJさんを誘って、千鳥ヶ淵でボートを漕いだこともありましたが、漕ぎ出すには漕ぎ出したものの、さてボートを岸につける段になって、老嬢二人がどんなに難儀したことか、二人で大笑いしたことでした。Jさんの前亭の祀られている靖国神社にもお参りしたりしたことがありました。その折、Jさんは、靖国神社がなぜ目の敵にされるのかわからない、とぽつりと言われたのを覚えています。

Jさんはきっと、辛い過去や、今のご主人には決して口にできないもろもろの思いなどを、私には気遣うこともなく淡々と話すことができたのでしょう。彼女が七十代半ばを過ぎたころ、Jさんの年齢も考えずに英国まで旅に連れ出し、彼女の好きなアガサ・クリスティの名所巡りをしたこともありました。Jさんはその折のことをとても喜んでくださって、幾度となく話題にしては、この次はぜひパリを案内してね、と言っていました。

今思えば、Jさんは確かにお歳を召されていましたが、少しもお年寄りらしくはありませんでした。悟りきった老人でもなく、自信満々でなんでも心得ていると言わんばかりの奥様風でもありませんでした。ときおりベランメーな口調になることもありましたが、そういう人にありがちな威勢のいい人というのではなく、どこか物静かで、はにかむような、可憐なところのある人でした。それは、様々な出来事があって、時がどんどん流れて、流れゆくときにさまざまな後悔や迷いや痛みを感じていたからこそ、魅力的な女性になったのに違いありません。わけても最初の夫とご子息という二人のかけがえのない人を亡くしてしまったという心の痛みがあったからこそ、素敵な人柄のJさんになったのでないでしょうか。今思うと、そのころのJさんの気持ちが痛いほどよく分かるのです。そして、Jさんが私と付き合うのを喜んでくださったことは、あの頃の私にとってどんなにありがたかったことだったでしょう。

そんな彼女の年齢に近づいたこの頃、私はぜひもう一度Jさんとお会いして、お話ししてみたいと心から思うようになりました。今の私なら、彼女の心に以前よりもずっと近づけると思ったからです。

彼女が太極拳の教室に現われなくなってしばらくしてから、喪中の葉書が届きました。今のご主人が亡くなったという知らせでした。私は慌ててJさんと連絡を取ろうとしましたが、返ってきたのは、娘さんからの「母は記憶障害を起こしています」という一枚の葉書でした。

Ｊさんはどんな気持ちで二度目のご主人の死を受け入れたのか、私は一度訊ねてみたいと思いました。しかしＪさんは、そのとき以来、私の前から姿を消してしまいました。Ｊさんと語り合った懐かしい「とき」がまた一つこぼれ落ちてしまいました。いつか私も、Ｊさんと同じように静かに歳を重ねて、ある時、ふっと消えていけたらと願うのです。

13. あのとき

支える会にスタッフとして加わっていて、いつも思うことがあります。それは、参加された方々が涙ながらにお気持ちを語られるのを聞きながら、「ああ、私もこんな風に語りたかった」と思うこと、そして「ああ、あの当時の私の気持ちを、参加者のみなさまが代弁していてくださるのだ」と思うことです。

つい先頃、伴侶を亡くして間もない方から、こんな言葉を頂きました。「あの日の前とあとでは、人生がまるで変ってしまいました。心は床にたたきつけられてバラバラになり、その破片を一つずつ拾い集めているかのようです。いくら時間が経っても、元の自分に戻れない」。

この言葉に私は強く揺さぶられました。心の奥底の苦痛から発せられた一つ一つの言葉が、まるで美しい真珠のように転がり出て、奥深い苦悩という一篇の詩を織りなしながら私の心に迫ってきました。私にもこんな言葉があったのだろうかと、ふと振り返りたくなりました。

思えば、私の場合には、さまざまな感情が昇華されることもなく、ただくすぶり続けて、自己嫌悪に陥ることさえあったからです。私はふと、これまで語ることも書くこともしてこなかった夫の死と葬儀のことを、書き出してみようかという気持ちになりました。あの時のバラバラな記憶の破片を拾い集めてみたいような気持になりました。

夫は自ら命を絶ちました。その日は敬老の日。病院から早朝の知らせ。夫が亡くなったということを、呆然と、というより、どこか遠い人ごとのように聞いていた。警察の死体安置所に、すでに棺に寝かされている夫。私も気に入っていた紫がかった花柄のシャツを着ている夫。涙など出てはこない。遺体を飾る花もないまま、夫はあっという間に火葬に付され、あっという間に骨壷に入ってしまいました。

火葬場から帰ると、家には夫の同僚が二、三人来ていらしたよう。葬儀社は、よく考える余裕もないまま、電話帳で適当に決めた。費用がかかるからと自宅での葬儀を強く主張した母。読経など要らぬと言う兄。珍しく疑問の声を上げた息子。呆然としてあらがうこともなくそれに従ってしまった私……。

そんなこんなでひどく簡略化された葬儀。いいえ、惨めだと思ったのはずっと後になってからのこと。駅から自宅までの道順は甥が紙に書いたものを貼り付けただけ。八畳と六畳の和室には親類縁者が占めていた。廊下にぎゅうぎゅう詰めに座っていたのは、私にとっても、夫にとっても最も大切な夫の勤め先の方々。共に大学改革に取り組んできた方々でした。どういうわけか夫の高校時代の友人たちが応接間に陣取ってクラス会のように談笑していた。

そんな異常な光景を、私はぼんやりと眺めていた。皆様にお別れしていただく棺もなく、会葬御礼もなく、精進落しもなかった。夫が顧問をしていたクラブの学生さん達が合唱してくれた「鈴鹿の小路」。夫がよくギター片手に口ずさんでいた曲。その時思わず僅かに涙をこぼした私。それが涙をこぼした最初で最後。

思いおこしてみれば、この時の悲しみが、一番純粋な悲しみだったのかも知れません。私は半ば死の否認状態にあったのでしょう。それでいて、葬儀の間中、朦朧としながらも妙に冷静に物事がみえていた私でした。それから月日が経ち、様々の感情に揺すぶられ、苛まれているうちに、私は次第に身構えるような人間になっていました。表向きは冷静で、ときににこやかに、そして心の中にはいつも嵐が吹き荒れていました。

様々な感情が整理されることもなく混沌としたまま、私はあてどなくさまよっていました。次第に人を避けるようになって、それでいて何も事情を知らない人たちとははしゃぎまわっていました。朝、目覚めると、ざぁーっと黒雲が押し寄せるように襲って、砂嵐に捲き込まれたような感覚。晴れた日よりも雨の日の方が落ち着く心。

谷村新司の暗い歌を聴きつつ、眠りにつく幾夜。飛行機事故を半ば期待するかのように海外に飛び立っては、誰も知らない異国の街をさまよい歩いた日々。電車のホームに立つと次第に端の方に引き寄せられ、ふと電車に吸い込まれるのではないかと恐怖した日々。

様々な感情のなかでも、最も激しかった感情は怒り。夫の病や死を巡って展開される周囲の人々との様々な軋轢や無言の圧力。そんな渦中に私を投げ込んだまま逝ってしまった夫。何事にも積極的で前向きだったのに、まるで人格が変わってしまい、繰り返し死を口走った夫。そして病について何の説明もしてくれなかった医師。

そこに襲ってきた強烈な罪悪感。いえ、罪悪感というよりは、これまでの生きかたすべてが間違っていたのではないかという、いたたまれないほど強烈な自己否定の感情。それでいて、あの時私はああ生きるしかなかったのだという、呻くような自己弁護の気持ちも。あれから三十年、今でもそうした相反する二つの感情が生まれては消え、消えては生まれるのです。

夫が逝ってから初めて人前で大声で泣いたのは、十八年後の母の葬儀のとき。周りの人は私が母を偲んで泣いているのだと思ったことでしょう。そうではなかったのです。夫の葬儀の惨めさを思い出したからでした。何もかも内密に密やかにおこなわれた夫の葬儀。

それが日を追い、時を追うにつれ、なんとも惨めに思えて仕方なかったのです。最近になってようやく気づいたあの頃のこと。糸の絡まりがほどけるように、堅いしこりが解けるように、見えてきたこと。それは、それぞれの人が、それぞれの形で私を気づかっていてくださったのだということ。息子を亡くした義母の悲しみも、娘可愛さに夫を批判した母の苛立ちも、今では素直に思い起こすことができるのです。夫に対する怒りももしかしたら愛情の裏返しであったのかとも。苦しかったはずの夫。その苦しみをまるで理解できった私。自分の感情に捉われ、自分の中に閉じこもったまま、何も見えなかった私。

支える会にかかわるようになり、自分の生い立ち、親兄弟との関係、伴侶との出会い、結婚にいたる道程など、いくつかのセッションのテーマを参加者とともに考えているうちに、これまで自分を縛っていた感情が次第にほどけてきたのでしょう。

穏やかなひとときも確かにありました。心洗われる思いをすることもありました。庭木やプランターの花に水を注ぎ、毎朝丁寧に珈琲を淹《い》れる、そのような些細な日常が私を優しく支えてくれます。平凡な日常的感覚を否定し、日常性から脱却しようと、いつも冒険を求めていた若いころの私とは大違いです。

ときおり、夫を亡くしたばかりのあの頃の混乱を懐かしさすら覚えながら思い出すこの頃です。冒頭にあげた参加者たちの言葉が身に染みるゆえんなのです。

越し方と　来るべき道を　想いつつ　声上げ泣きし枕辺に　恋歌流る

14. 宙ぶらりんの心

厳しい暑さの続いたこの夏、皆様はいかがお過ごしでしたか。私の一日はいつからか定型化して、朝の一仕事を終えると、新聞を読み、それから日課にしている書物を読んで、それからまた前もって決めていた家事を一つか二つすると、もうお昼です。午後は外出予定がないと、ついついだらだらとテレビを見ながら昼寝。自己嫌悪に陥入りそうです。そんなわけで、最近、酷暑のなか、外で道路工事などをなさっている方々や荷物の配達をなさっている方々を見かけると、つい畏敬のまなざしを向けてしまいます。子供に話しかけながら嬉しそうに歩いているお母さん、買い物カートを押しながら一生懸命歩いているお年寄り、また、目一杯背伸びして、それでも寄り道などしながらふざけあって家路に向かう子供たち、みんなみんな、精一杯生きているのだなあと、感嘆してしまうのです。

14. 宙ぶらりんの心

七月、支える会終了間近になって、参加者からこんな問いかけをいただきました。「いったいいつになったらこの悲嘆、この苦悩から解放されるのでしょうか」と。そのときの司会者がその問いをスタッフ一人一人に振られたときに、私は思わず絶句し、しどろもどろになりました。当時の私にとって、その悲嘆感情は、悲嘆というよりは苦悩でした。「なぜ、どうして」というやり場のない怒りにも似た思いが私を苦しめ、世の中から見捨てられたような孤立感に苦しみました。

そんな悲嘆状態がいつまで続いたのか、一、二週間で終わったのか、一、二か月だったのか、あるいは一、二年だったのか、よく憶えていないのです。その後そうした激しい感情が沸き上がる頻度は次第に少なくなりましたが、三十年以上経ったいまでさえ、時折そんな感情がよみがえって、私を苦しめるのです。（伴侶を亡くした時四十代だった私は、あと三〇年も生きなくてはならないのかと思うと、絶望的な気持ちでした。）伴侶を亡くされたばかりの方々に、こんなことを申し上げたら、恐怖を覚えてしまうに違いないと案じたのです。

そんな激しい感情に揺さぶられ、私は機会あるごとに海外に逃げ出したり、東京の雑踏の中をあてどなく彷徨ったりしましたが、幸いにも仕事に恵まれ、生きがいを見いだし、新たな人との交わりを楽しむこともできました。

考えてみれば、死別後の三十年間は、苦悩ばかりの日々ではなかったようです。

悲歎というのは、同じ状態でいつまでも続くわけではないのでしょう。他の様々な感情と同じように、時間とともに悲歎感情にも変化が起こり、強さも和らぎ、悲歎のなかにありながらも、ひとときの喜びや楽しさを味わうことが可能になるのではないかと思えてならないのです。

私はときおり、自分にたいしてこんなふうに言いたいと思うことがあります。「私は私なりに一生懸命、精一杯に生きてきたのだ」と。そして、いまだ悲嘆から立ち直れない方々も、みんな精一杯、一生懸命一日一日を生きておられるのだとつくづく思うのです。

伴侶を亡くした後、年齢とともに訪れる最大の悲嘆は、侘しさ寂しさとともに、これからどう生きていくのかという不安ではないかと思います。残念ながら、その想いは歳を重ねるごとにますます強くなるような気がします。親しい人が一人また一人と周囲から消えていくと、否応なしに自分と向き合うことになります。衰えゆく不安、孤独の中で人知れず死を迎える怖れ、残される者の行く末を案じる不安の中で、今のうちに、すべてを決めておかなければという焦り、そんな中で絶えず揺れているのです。あきらめること、あるいは祈ることの必要をふと感じることもあります。

けれども、いまだに、あきらめの気持ちにも、祈りの心にもなりきれない、宙ぶらりんの私です。おそらくこれからも宙ぶらりんのまま、生きていくことになるのではないかと思います。

そんな折、たまたま、ある本のこんな言葉に出合いました。「黄昏行く秋の森には、春の追憶の香りがある。夏の盛りはもう終わりかけ、迫りくる夕闇が崩壊の香りを運んでくる。その香りが春を追憶させるものであるだけに、その香りは一層悲哀に満ちたものであった」。誰の文章だったのか、思い出せないのです。

人生の夕闇にも微妙な悲哀とともに、思いがけなくも痛ましく美しい香りが生み出されるのだと思います。それなら、夕暮れの侘しさや不安の中にさまようような、佇むような、そういう宙ぶらりんの心でいることも、必ずしも悪いことではなさそうではないかと。ときには陽光溢るる若さに憧れ、ときには幾つもの苦しみ痛みを伴った若き頃を偲び、ときにはこれから先滅び行くわが身を凛として受け止めながら、揺れ動く心のままに生きていけたらと願うのです。

炎天の　霞解き放つ　花青き

15. 誰か想いを継いでくれたら

支える会の若い参加者からこんな声がありました。「あと三十年も生きなければならないかと思うと、どう生きてよいのかわかりません」。また、以前に参加された方からはこんな声も。「とにかく寂しいのです。病気になっても誰も気遣ってくれ人がいないと思うと」。

どちらのお気持ちも、その通りだと思います。私自身四十代で夫を失ったとき、同じことを思いました。ところが、心にも生命力があるのでしょうか、心は様々に変化していきました。そして、いつの間にか、三十年が瞬く間に過ぎてしまいました。

そしていま痛切に思うことは、自分はどのようにして終末を迎えるのだろうかということです。「どう生きたらよいのか」ということこれまでの不安が、「老いとどう向き合っていくのか」という不安に入れ替わりました。

若いときにはエネルギーがありますから、あちらこちらにぶつかり転がりながらも、それなりに懸命に生きてこられたような気がします。歳を重ねてからの不安はもっと不透明で、曖昧で、霧の中を彷徨っているような感じです。そして時折刺し込むような痛みを感じるのです。果たしてこの不安の実態が何だろうかと、思いを巡らしてみました。

不安の一番の大元は、やはり一人でいることへの不安ではないかと思い当たりました。でもそれをさらに深く掘り下げると、一人でいることの寂しさをわかってくれる人がいないということ、伴侶亡き後に生じる様々な想いを理解し、受けとめてくれる人がいないということではないかという思いに突き当たりました。一人で全てを抱えていることに耐えられない、そんな思いからくる不安ではないだろうかと。

ある方がこんなふうに述懐されました。「自分がこの世から消えた時、いったい誰が、今の自分が伴侶を偲ぶように、自分を偲んでくれるだろうか」と。

人には、自分の精神的な想いを受け止め、引き継いでくれる誰かが欲しい、という本能的な願望があるのではないかと、この頃考えるようになりました。作家であれば、その想いを作品に託して残すこともできるでしょう。政治家であれば、子息にその地盤を継がせて、自分の命を永続させることもできるでしょう。でも、平凡な私などの場合には、そのようなことはできません。それでも、なお、もっとささやかな想い――日々の喜びや悲しみを誰かが受け止め、受け継いでくれたらどんなにか素晴らしいことだろうかと、ふと思ってしまうのです。

この頃、父のことをしきりに思いだすようになりました。父は私が生まれたとき、当時でいうところの洋行に出ていました。私の名はそこに由来しています。夫が亡くなって、三年くらいたったころ、年下の友人に誘われて、シベリア鉄道に乗って、北京からパリに向かうという長旅をしたことがあります。その旅路はくしくも、父が辿った行程でした。その旅路を辿る間に、ふと若き父が感じたであろう弾むようなときめきを覚え、父の気持ちを受け継いでいるような気分になりました。それまでどちらかと言えば父の気持ちなど考えたこともありませんでした。若いころは、無口な父を疎ましく思い、結婚するなら父とは違ったもっと話しの弾む人をと思って、事実そんな人と結婚したほどです。それでもこの頃、しきりに父のことが偲ばれるのです。これが、「受け継ぐ」ということなのかと、ふと思うのです。

父のことだけではなく、このところ、亡くなった方々のことをあれこれ思うようになりました。それも、きっと亡くなった人たちの想いを私が受け継いでいることなのかもしれません。そして今では、自分の前から消えていった親しかった人々の想いに包まれることが、私の不安感を和らげてくれるような気がするのです。

私事ですが、最近遺言書を作成しなければならなくなりました。その時はっと気づいたのです。夫を亡くして三十年、私が辿ってきた紆余曲折の人生のなかで、私が味わってきた様々な想いをいったいだれに託せるというのだろうかと。誰もいないことに気付いて愕然としたのです。それは、あまりにも自分の殻に閉じこもってしまった結果かもしれません。私の交友関係の狭さにもよるのかもしれません。そんな私が自分の想いを受け継いでくれる人を求めるのは、理屈に合わない贅沢なのかもしれません。それでもなお、誰かがいてくれたらと、一瞬、はかない夢を抱きました。

英国の作家E・M・フォースターの小説「モーリス」の最後の部分にこんな描写があります。だれひとり自分を理解し、自分の想いを受け継ぐ者もいないと考えた主人公が消え去る場面です。「彼は、背の高い茎から花を摘み始めた。花は夜に消えていく蝋燭のように、一つまた一つと消えていった。——彼は何の痕跡も残さず、どこへともなく消え去っていたのだった。残されたのは、小さく盛りあがった宵待ち草の花びらだけで、それは消えていく火のように地上から悲しみの声を上げていた」。私も、こんな風に消えていくことができるのでしょうか。

16.「頼む」ということ　「頼る」ということ

先日、私が所属する精神保健福祉会の小冊子を読んでいて、こんな言葉に出合いました。それは障碍者を抱える家族にとっても、また障碍を持つ本人にとって、もっとも重要な願いである「自立」についての言葉でした。「自立とは、一人で住むことでも、自分の食べるものを自分で稼ぐことでもなく、できることは自分でやって、できないことは人に頼む力を持っていることである」と。この言葉に目が開かれる思いをしました。

伴侶を亡くした私たちについても、同じことが言えるのではないでしょうか。伴侶を亡くしたものは、障碍者ではありませんが、精神的には同じようにとても脆くて、不安定な状態にあります。いろいろなことで意思決定ができなくなったり、手を付けることができなくなったりという状態に落ち込みます。そんなときは無理して何かを即断したりしようとはせず、じっとうずくまって、時を待つことも大切なことではないでしょうか。

次いで襲われるのは、これからどのようにして一人で生きていったらよいのだろうかという不安感です。こうして、長く苦難に満ちた自立への道が始まります。経済的な面、生活上のさまざまな面でもそうですが、もっとも辛いのは、精神的な面で頼れる人がいないということではないかと思います。

愚かにも私は夫が亡くなるまで、自分が自立しているとばかり思い込んでいました。傲慢なことに、夫に頼って生きているような女性ではないと自負していたのです。ところが夫が亡くなってみると、ひとりで生きていく心細さにとても耐えられそうもない感覚に襲われました。私の場合、息子の障碍のこともありましたから、様々な人を頼のみにして、会いに行きました。ですが、いずれの人にもこちらの願うような対応はしていただけませんでした。みんな冷たいなと思ったりもしました。

しかし今思うと、人はそれぞれ自分の生活に精一杯で、他の人のことを顧みる余裕などなかったのでしょう。また私の方も、混乱している気持ち、もやもやしている気持ちをただやみくもにぶつけるだけで、頼りたいこと、頼みたいことを適切に表現できなかったせいもあったのでしょう。

そんなこともあって、どうやら私は、ずっと一人で、誰に相談することもなく、ただただがむしゃらに生きてきたような気がします。いつのまにか、また一人で何でも処理できるようになれたと思うようになり、自立していると思うようになりました。今考えると、様々のところで様々な助けをいただいていたのに。

ところが、最近、残りの人生が少なくなってきたことを実感するにつれて、無性に誰かに頼りたくなってきました。まるで夫を亡くした直後の状態に戻ってしまったような感じなのです。これもただ「頼りたい」という一種の甘えなのでしょうか。無性に人に電話したくなったりするのですから。

あるとき、ふとこんなふうに思ったのです。ひょっとすると、「頼む」と「頼る」という二つの言葉は、互いに似ているように見えながら、次元の違う内容を孕んだ言葉なのではないのだろうかと。

「頼む」という言葉の背後には、自分なりの理性と意志の力がしっかり働いていて、そこには確立した個性というものが存在しているのではないのかと思えるのです。それに対して、「頼る」はとても情緒的で、そこには依存心が働いているのではないのかと。人に頼りたくなった最近の私は、「依存」して人に頼ろうとする依頼心が強くなっていたのではないかと思ったのです。

そんな折に上記の言葉に触れて、こんなふうに思いました。自分にできることは自分でする。そして相手の生活が尊重され、ほどよい人間関係が保たれている限りなら、人に「頼る」ということは、そんなに悪いことではないのではないかと。それが、「頼む」ということなのではないのかと。その意味で、頼れる、あるいは頼める適切な相手を身近に持っているということは、これから生きる上でとても必要な、かつ大切な能力であるような気がしたのです。

仕事を退いてから、日常の家事を丁寧にすることに喜びを感じるようになってきました。そして、今もなお、好きな食事が自分で作れて、行きたいところには自由に行けて、さまざまな用事もなんとかこなせる、そんな自分を嬉しくありがたく思うのです。

それでも、ときおり無性に誰かに頼りたくなることがあります。そのうちに、その気持ちがさらに強くなるのでしょうか。自分でできることはだんだん少なくなるのですから。そんな折には、誠意と感謝をこめて「頼む」ことをしてもよいのではないか、私は最近そんなふうに思えてきました。それが高齢になっても「自立」していきることになるのではないのだろうかと。

それでも、なお、心の奥底から「頼れる」のは、亡き伴侶しかいないと思うと、侘しさの募る思いがいたします。いまだに、辛い思いをしたとき、思わず夫の名を呼んでしまうのは、私だけなのでしょうか。こぼれ落ちゆく日々を愛おしみながら、そんなことを想うこの頃です。

17. 二度の別れ——喪の作業

昨年秋、私は一人息子を亡くしました。夫との死別から三年後のことでした。二度目の死別はたとえそれがペットとの別れであろうとも、たいへん辛いものだとは、長年グリーフ・ケアに係ってきた私には予測できたことでした。どちらの場合も急死でしたので、さぞかし大混乱に陥るものとばかり思っておりましたが、三か月ほどで平常心に戻ることができたように思います。罪悪感を覚えるほどでした。夫と息子との違いなのでしょうか。

伴侶を亡くすことは、一〇〇%のストレスだと言われます。これに対して子供を亡くされた方は異論を唱えることでしょう。その両方を経験した私に言わせると、ストレスの強さは変わらないけれど、何かが異なるような気がします。その違いがどこから来るのか自分でもよく分からないのですが、伴侶を亡くしたときは呆然自失して、ただただ混乱が続きました。どう自分を取り扱ってよいのかわからないまま、その後幾年も無茶苦茶な生き方をしてきたような気がします。息子の折は、もっと素直に自分の感情と向き合えたような気がします。

夢についても、夫の時は、「ああ、やはり生きていたのね」と、抱きしめるとスーッと消えていく悲しい夢を、亡くなった直後、一、二度見ただけでした。目が覚めると、とても辛い思いをしました。息子の夢は、三か月ほどの間に何度も何度も見ました。夢の中では、息子はいつも朗らかで、私との会話を楽しんでいるようでした。目が覚めたとき、なにか心暖まるような、ほんわかした気持ちになりました。この違いはどこにあるのでしょうか。その違いを知りたくて、息子の死後綴ってきた折々に移り変わる気持ちを、あえてここに再現させていただきます。

●息子が機嫌好く二階から降りて来た夢をみた。息子のものをすべて捨ててしまった後なので、息子が怒るかと思ったのに、また機嫌好く二階に上がっていく。まわりに何人か人がいたので、息子は死んでいなかったじゃない、と言うと、まわりの人が死んで地下室に安直されていると言う。目を覚ました私は、息子をきちんと弔ってないのだと思った。遺骨を収めた箱を、見るのが嫌でしまい込んでいたのです。

•昨日も一昨日も、近くのグランドのあたりを通ると、息子もこの好い天候の中、どこかでのびのびと過ごしていると思ってしまう。

•今日はプランターにスミレを植え付けました。気分は淡々としている。時折息子が二階にいると思い、やはり居ないと思うと涙が溢れる。当分は後始末で忙しいけれど、そのあとの空白が怖い。お正月も怖い。夫が亡くなったばかりなのに、いつも通り母が親族の正月会をして、私にも参加しろと言ったことを思い出してしまう。一つ一つが夫の死に味わった気分を再現しているよう。

•美容室からの帰り、雨がかなり降ってきたので、思わず、息子は傘を持っていっただろうかと思ってしまった。

•葬儀に参列してくださったお礼にと、息子が世話になったデイ・ケアに立ち寄る。何も言葉が思い浮かばない。ただ、繰り返しありがとうございましたとしか言えない。涙が出て仕方ない。一方では、ホットケーキが食べたいななんて考えている。狂気にはなれないのが悲しい。リア王のこと思い出す。

•今朝の気分はカサカサに乾いていて、砂漠に居るよう。息子の死とまるで関係ないような気分。こんなことで良いのかと思いながら、その一方で急に涙が溢れる。新たに何か始めてみようかと思う一方、新しい生き方をするには遅いのかとも思う。

•今朝はっきりとした夢を見た。息子は死んではいなかったのだ。でも今にも死にそうな息子を抱きかかえながら長い廊下を窓越しに外の景色を眺めさせて歩き回っている。看護士さんを呼んだら人工呼吸か何かしてかえって死を早めてしまうような気がして、このまま息子に話かけている方がよいと思った。看護士が来て息子をもう火葬にしたではないか、それは夢でしょと言うものだから、私は現にこうして生きているではないかと抗議しているところで目が覚め、ああ、やはり夢だったかと思う夢を見続けている夢。本当に目が覚めて、あの夢は私に与えられた鎮魂歌だと思った。

•昨夜はだいぶ泣いていた。夫のときには泣くに泣けなかったのに。それで立ち直れなかったのではないだろうか。今回は何かにつけて嗚咽《おえつ》してしまう。ときには何事もなかったような気分で、息子のことなど考えもしない日もあるが、そうすると不安になる。立ち直れなくなるのではないかと。夫の時には遺品整理などまったくする気は起らなかったのに、息子の部屋の整理を着々と進めている。喪の作業をしているようで苦痛ではない。

•今日は無感動で動いている。夫を亡くし、子供を亡くすということは大変なことなのに、一方ではこの大変さをどうして誰もわかってくれないのだろうと、怒りすら感じる。そのうちに崩れてしまうようで怖い。精神を患うことになってしまうのではないかと怖い。

•今日はただただ我慢している自分がいた。午後はずっとベッドの中。何もしたくない。もう、物音がしても息子が二階にいるとか、帰って来たとは思わなくなってしまった。侘びしい。亡くなっていたときの安らかに眠っているような息子の顔が浮かんでくると耐えられない。でも死の瞬間は天国が見えるというから、野球でホームランでも打っていたのだと思うことにした。

•今日は息子のこと何も考えていない。悲しくもなんともない自分がいるのに驚く。もう乗り越えてしまったのだろうか。一時的なものでまたぶり返すのだろうか。それよりこれからさらに歳を取っていく一方で、良いことは何も起こらないだろう、それどころか、悪いことばかりが次々と起こるだろう。これからの日々をどう生きていくのか、戸惑うばかり。夫のときはそんなこと考えもせず、ただがむしゃらに生きていたのに。

•神経がズタズタ。怒りが沸いてきて、それを誰にもぶつけられない自分にも腹を立てている。自分がどんどん歪んでくるよう。区役所で書類を取ってきた。ひとつ用事を済ますと虚脱感に襲われる。息子が亡くなってから、急に歳とって本物の老人になってしまった感じ。

•今朝久しぶりに気分が晴れやか。家事をはじめ、やるべきことがあって、それを淡々とこなせることは幸せなこと。私の想いを誰が受け留めてくれるのかと悩んでいたけれど、とにかく積極的にいろいろな方と交わっていきたい。こんなふうに想い惑いながら月日が過ぎ去るのだろう。

•今は息子が居なくなったことを冷静に受け止めている。そのことが逆に罪悪感をもたらしている。不思議。息子のことに囚われない自分がいるのだ。三十代のころ、家庭のことを忘れて本屋に行き、喫茶室で独身のようにくつろいだ自分みたい。男性が家庭のことを忘れて気儘に過ごしているのと似ている。老人的感覚からも抜けだしている自分。これなら、また、一人で旅ができそう。

●空模様と同様、心がどんよりしている。毎日やるべきことをやることで日々が過ぎてゆく。様々な用事が終わる来年の夏になる頃には、エネルギーを使い果して、本当に年寄りになっているのではと思う。そう思うと、やりきれない。マイナスのイメージばかり湧き起こる。この頃は自分のことばかり心配していて、なんだか嫌になる。

●久しぶりに息子の夢を見た。四、五歳くらいの大きさの息子を自転車に乗せて、広い広い公園の芝生の中をどこまでも、どこまでも走っていく。その間、ずーっと息子に話しかけている。毎日こうして出かけようねと。息子はずーっと黙っているけど、私の気持ちを何もかもわかって受け入れてくれている様子。それが、ただただ嬉しくて、いくら自転車を走らせてもちっとも疲れない。途中パフェを食べようね、とお店に入った。

●毎晩、息子の好きだった山下達郎の「さようなら夏の日」のCDをかけて眠りにつく。「さよなら夏の日／僕らは大人になっていくよ」という哀切のこもったリフレインを聴きながら、夫と息子を失うことで、この年になって、私はやっと大人になったように思う。

こうして改めて読み直してみると、伴侶との死別の折に沸き起こる様々な感情と共通するものがあります。死の否認、無感動、抑うつ、怒り、罪悪感などです。けれども、夫の死の折味わった長いトンネルの中にいるような、あの永遠の暗闇にいるような感覚は起こりませんでした。それから、電車のホームに立っているときに飛び込んでしまうのではないかという恐怖感のようなものも今回は起こりませんでした。夫の時はただ混乱していて、自分を見つめることも、ましてや、様々に沸き起こる感情を分析することもできませんでした。夫は、警察で遺体確認後、柩に入れる花もなく、そのまま火葬され、遺体の無い、簡素な葬儀が翌々日自宅で行われました。なんだか操られるまま動いていたようでした。息子の場合は、葬儀まで日数があったので、納得のいくまで葬儀の仕方を考えることができたのです。息子の死を比較的楽に受け入れてこられたのも、そのお陰ではなかったかと思います。また夫の折には、夫の書斎に入るのも、さらには家にいることも嫌で、仕事が休みに入ると、すぐさま海外に逃げ出しました。飛行機事故で死ねたらどんなに良いかと思いながら。遺品の整理も十年以上できませんでした。

息子が亡くなってさらに自由になったのに、どういうわけかどこにも出かけたくなく、家の中でつつましく暮らしています。夫の折には夫の死など知らない友人たちと、夜遅くまではしゃいでいたのに、今回は誰とも会いたくないのです。仕事がないせいもあるでしょうが、一人で存分に自分と向き合うことができたこと、そして十分に涙を流せたこと、そしてさらにはこうして文を綴ることができることで、喪の作業をしてきたのだと思います。それで比較的早く心が落ち着いたのでしょう。

でも本当に落ち着いたのでしょうか。時折、激しい罪悪感を伴いつつ、涙をこぼしながら、息子の死に向き合っています。息子と向き合うことが、夫の死の記憶をよみがえらせて、心苦しむこともあります。三十年以上の時が経っても、まだ夫の死とはきちんと向き合えていないのです。解決のつかないまま、ほんとうにひとりぼっちになってしまいました。

18. 遺されること　悼むこと

新聞のあるコラム欄に目が留まった。「様々な紛争や災害の折、普通、死者何人という数字でその災害の悲惨さを人々は感じるが、でも多くの人にとっては他人事であって、亡くなった一人一人の人生を偲ぶことはない」という内容だった（池澤夏樹「死者を悼む資格はあるか」）。最近の世界情勢を見渡すと様々な戦禍、天災、人災が起きているのに、毎日をのほほんと暮らしている我々に、そうした災禍で亡くなった人々を悼む資格はあるのかという厳しい問いかけがこのコラムの意図のようです。この文章を目にして、「悼む」ということの意味を考えました。

夫の亡くなった同じ年に、大韓航空機撃墜事件があり、その二年後に御巣鷹山の飛行機遭難事故がありました。いずれの場合にも、亡くなった方々の何人かのプロフィールが紹介され、遺族会が結成されました。その当時の私は、夫の突然死で混乱していて、こうした事故や事件で亡くなられた方々の死を悼む余裕はありませんでした。それどころか、そうした遺族の方々が共通の立場に立って共に悲しむことができるのを、羨ましいとさえ思いました。それに引き換え、自ら命を絶った夫の死は話題にすることも退けられてきたように思え、私一人で心の痛みに耐えていました。もっとも、夫の死はとある新聞のコラム欄に取り上げられたのですが、それも虚ろに読み捨てていました。

だいたいその頃に私は夫の死を悼んでいたのでしょうか。悼むというのはもっと月日が経って、静かな悲しみの果てに湧きあがる心の在り方ではないでしょうか。私は夫の死の直後も、否、それから何年経っても、夫の死を悼んではいなかったような気がします。その死があまりにも急激に、劇的に起ったからです。その点では飛行機事故と同じなのかもしれません。何の心の準備も、遺されることの準備も覚悟もできなかったのです。そうなのです。遺されるという意識が存立するには、前もっての覚悟が必要なのだということを、つい最近になって知りました。

これは九月末まで放映されていた連続ドラマ「やすらぎの郷」で、登場人物の一人が言った台詞です。「死にゆくものは納得して逝けることを願い、残されるものには覚悟が必要なのだ」というような意味合いの台詞でした。とても良い言葉だと思いました。でも現実にはなかなかそうはいかないのです。夫は納得して亡くなったとは到底思えないばかりか、私もまた、残される身になろうとは思っても、みないことでした。まして、覚悟などできる筈もありません。

そもそも「悼む」ということは、どういうことなのでしょう。それは単に辞書で解説されるような「亡くなった人を想い嘆き悲しむ」ということではないような気がするのです。

私は、恩師や親しくしていた年上の友人の死を悼むことはできるように思います。それは懐かしさ、優しさに彩られた気持ちではないでしょうか。この方々との私の人生とのかかわりあいが心地よい追憶をもたらすのです。それだけでなく、亡くなった方の生き方、在り方による畏敬の念も沸いてきます。その方々の来し方を心静かに偲び、祈りにも似た感情も覚えます。そうした気持ちが醸し出されるためには、ある程度の距離感が必要ではないでしょうか。その距離感は、亡くなられた方とのお付き合い上の距離感だけでなく、亡くなられてからの時間的距離感でもあるのでしょう。その距離感があって、はじめて追悼の気持ちが徐々に増してくるような気がします。

それに比して、夫とはあまりにも密接な関係でした。激しい葛藤がありました。にもかかわらず、残されたときは自分の体をもぎ取られたような気がしました。距離感どころか一体感しかなかったのかもしれません。その衝撃によって、時間が経っても距離がとれないのです。あの時の、あの衝撃が心から離れないのです。

夫が亡くなった直後から、私は、激しい虚脱感とともに、よくわからない激しい感情に見舞われることになりました。「なんで死んでしまったの」という思いや、生前の夫の言動を思い起こしては、夫に対する怒りすら覚え、そうした自分に罪悪感を抱いていました。

それから十年以上経ち、グリーフ・ケアに係るようになり、多くのことを知りました。当時の私の混乱は、まさに伴侶を失ったことから生じる様々な感情だったのです。死の否認、罪悪感、鬱状態、怒り、人間関係のもつれなどからくる混乱であって、このような混乱のある限りは、静かに悼むことなどできないのも当然なのでしょう。

私の場合はそうした感情が特に激しかったのかもしれません。夫を亡くして三〇年以上、この頃になってようやく本当の意味で悼む気持ちが沸いてきたように思います。歳月が経ったからなのでしょうか。それとも私が老いたせいなのか、息子を亡くしたことで、少しは大人になったせいなのでしょうか。いまだによく分からないのです。

毎年、命日になると夫が命を絶った場所にお花を供えに行くことにしています。先日もそこに行って美しいトルコ桔梗を手向けました。そして初めて、静かに涙が流れ、素直に夫の死を悼むことができたように感じました。そしてこんなふうに思いました。これなら、これから戦禍や災害や事件で亡くなられた方々にたいしても、心から想いを馳せ、祈りを捧げる気持ちにもなれそうだと。

一日一日を静かに生きていく覚悟のようなものが生まれてきました。静かに生きるこの覚悟が、死者ともつながる道なのかも知れません。

19. 振り返り、孤独、自己との対話

「あの人が、自分とではなくほかの人と結婚していたら、もっと幸せではなかったでしょうか」。これは、これまでの支える会で、幾度か耳にする言葉です。配偶者にたいし自分がゆきとどかなかったのではないかという思いから、特に女性がそのようにつぶやかれることが多いのです。

実は私もそのように思ったことがあります。結婚してからの私の生き方を振り返ると、その思いは痛切です。ただ、私の場合はもっと傲慢な思いがあったかも知れません。妻としてもっと夫に尽くしていたら、夫にとってはよかったのでしょうが、当時、夫に尽くすとか、夫を陰で支えるとかいうことが、私には何やら古めかしいことのように思えました。夫と妻は対等であるはずだ、それ以上に、それぞれが人間として自立している筈だと思っていたのです。そして当然のごとく、自分のやりたいことをやりたいようにのびのびと

やってきました。夫もそれまでの生活を変えることもなく、私の行動に不満を述べることもありませんでした。とはいえ、私も夫に家事をさせるようなことは決してしなかったと、今頃になって、ひそかに弁解してみたりもしてしまいます。夫が稼ぎ、妻が家庭内のことをするというのが、まだ当たり前の時代でした

最近になって、夫が亡くなったばかりの頃は考えもしなかったことを、あれこれ考えるようになりました。年を重ねたせいなのか、暇ができたからなのか、一人暮らしのせいなのかはわかりませんが、過去のことを、特に夫と自分とのかかわり方を、振り返ることが多くなってきました。すると決まって、当時の自分の若さゆえの傲慢さに思い至り、身の置き所がなくなるのです。そしてさらに過去へ過去へとさかのぼるにつれて、どうしようもない自己嫌悪や自己否定にまで駆られます。

人はよく過去を振り返っても仕方ないと言います。もっと未来志向で行くべきだとか言います。過去は取り返せないのだから、振り返っても意味がないと。その通りなのかもしれません。でも本当にそうなのでしょうか。

絵画にも描かれるように、だいたい振り返るという所作は美しさを伴うものではないでしょうか。動作だけでなく、振り返るという心理的所作にも、美しさがあると私は思うのです。確かに、脇目も振らず前だけ見てまっしぐらに突き進むというのは凛々しいことではありますが、ときには立ち止り、ときに行きつ戻りつしながら、過去に思いをはせ、過去の自分を振り返ってみるのも、とても意味のあることだと思うのです。その過去がどんなに自己嫌悪に駆られるものでも、ところどころには心和む花々が添えられているかもしれないのです。

童話セラピーで、時折こんな問かけをすることがあります。「亡くなった伴侶に文句を言いたいことがありますか」と。これはある意味、なかなか意地の悪い質問です。たいていは、「いいえ、文句なんかありません。感謝ばかりです」という答えが返ってきます。でもどんなに仲の良い夫婦でも、一度もいさかいをしたことのない夫婦はいないと思うのです。夫婦のあいだでは些細なことで腹を立てることがあっても、それはむしろ自然なことではないでしょうか。ですから、夫婦以外の他人では決して知り得ない様々な出来事、それらを思い返し、振り返ってみることは、残された伴侶にしかできない、貴重な、そして大切な作業であるのではないでしょうか。

一人残された孤独のなかで、逝ってしまった人とのことを思い起こすのは、とても切ないことかも知れません。問題は、思い起こし、振り返るというその作業が、さらなる孤独感を引きおこす作業でもあるということでしょう。

この「孤独」について、批評家の若松英輔がこんなことを言っています。「孤独とは、孤立と異なって、単に他者から疎外されることではない。孤独は、人間の宿命なのである。孤立から私たちを解き放つのは他者との対話である。だが孤独の場合対話の相手は自己になる」と。さらに、画家岸田劉生の言葉を引用しながら、こうも述べています。「自分は時として、自分の孤独に淋しさを感じることがある。他の個性と自分の性格との差別を心底から意識する事によって自分はある淋しさを本当に味わう事がある。しかし。自分は自分の孤独を感ずる事の外に、自分の生存を感ずる事の出来ないものである」とも。

私たち伴侶を亡くしたものが感じているのは、孤立感なのでしょうか、孤独感なのでしょうか。私たちの場合には、どうやら、夫婦共に健在である人たちからの疎外感にも似た孤立感と、伴侶を亡くしてひとりぽっちという孤独感と、両方が共存しているように思います。そして、若松氏が言うように、自分が今孤独であることを実感するとき、その孤独の中に自分が存在することを感じるのです。

よく、孤独こそ人を成長させるものだという言葉を耳にします。また、「孤独のすすめ」とか、「孤独を楽しむ」というような書もよくみうけられます。特に年配の人たちに向けては、今こそ残り少ない人生をもっと楽しめというわけです。

でも、時折思うのは、そのように言う人たちは本当に孤独な人なのだろうかと、物事を斜に見る傾向のある私はつい疑ってしまいます。そういう人たちには、家族がいて、あるいは家族はいないけれど友人がたくさんいて、意外と社会との接触が多い人かもしれないと。あるいは付き合いの多さに煩わしささえ感じている人たちではないのかと。

私も以前家族が存在していた時、ときおり夕暮れの雑踏の中を歩きながら独りでいることを楽しんだことがありました。伴侶を失った後もよく街の雑踏の中を彷徨いましたが、それは孤独から逃れるためでもあると同時に、孤独に浸るためでもあり、ある意味では孤独を味わうためでもあったのかもしれません。その折はまだ仕事もあって、社会との接触があったから、そんな風に孤独を楽しめたのでしょう。でも夫も息子も失った今、雑踏の中を歩くには勇気がいります。侘しさを感じ、涙がこぼれて仕方がないのです。かといって、家の中に閉じこもって、一人で終日誰とも出会うことなく過ごすのも苦痛です。そのようなときに、独りきりであるということが、孤独を楽しむというのではなく、、心細い一人の命の存在を実感することであると思えたら、どんなに素敵でしょう。

この間のお正月はとても悲惨でした。風邪を引いてしまってどこにも出られないうえに、それぞれの家族はそれぞれにお正月を楽しんいるのだと思うと、僅かしかいない友人たちにも電話をかけることが出来ませんでした。そんなとき、対話の相手となるのは、若松氏が言うように、自己のみとなります。しかも自己との対話は、振り返ることにばかりなりがちです。その振り返りが自分の生き方や、性格にまでおよぶとき、その対話は、まさしく自己との対決にさえなりかねません。でも考えてみると、対話とは対話の相手と折り合いをつけることですから、自己との対話であれば、それは自分との折り合いをつけることを意味しています。伴侶が生存していた頃の自分、独身だった頃の自分、子供だった時の自分、様々な自分を振り返っては、対話していくことが、岸田劉生が言うように生存していることなのかもしれません。

最近、亡くなった息子の部屋を綺麗に改装し、その部屋を自分との対話の部屋にすることを思いついて、心が少し晴れやかになってきました。そこに若いころから付けていた日記帳やら、手紙類、昔読んだ書物などを持ち込んで、過去を振り返りながら整理をし、今の自分の想いをノートに綴ろうと思い立ちました。

最近は、終活という言葉が流行っています。いっときはその言葉に乗って私もあれこれ片付け始めましたが、すぐ嫌気がさしてきました。終活だけで人生を終えるのはやはりつまらない。終活ではなくて、自分の過去を振り返り、自己との対話を繰り返すことで、今の自分を問い直し、孤独の只中にある自分を見つめていく。そんな静けさの中で、これからの一日一日を歩んでいこうかと思い始めたところです。

花散りて　ひとひらごとに　夫浮かび　花に浮かれし　我が心とがむ

20. 自由と鎮魂

支える会でこんなことをつぶやいた方がおられました。「今は、ときおり悲しみが迫ってはくるものの、取り立てて何の問題もなく、平穏な毎日を過ごしています。でもこれで良いのかと、なにか不安になるのです」。

この言葉の中にはいろいろな問題が潜んでいるように思いました。表面的に見れば、悲嘆からはもう立ち直ったとも言えそうです。でも、それがそうとも言いきれない不安が潜んでいるようです。そこには、経済的にも心理的にもすべて自分独りだけの裁量で生きていかなければならないのだという不安や、なによりも、果たしてこんなに自由が自分に許されて良いのだろうか、こんなに平穏であって良いのであろうか、自分は配偶者を忘れているのではないかなどと、亡き配偶者にたいして申し訳なさがあるのではないでしょうか。

私が夫を亡くしたとき、糸の切れた風船のように、空に漂っているような心もとなさを感じました。ただふわふわとあてどなく彷徨っているようで、何をしてよいのか、どちらにいけばよいのかわからない、そんな感じでした。

考えてみれば、夫が生存中も、私はいつも風船のように自由に漂ってはいたように思います。やりたいことを何でも自由にしていました。けれども今にして思えば、風船の糸には、夫の手がそっと添えられていたのかもしれません。夫がいたからこそ、のびのびとしていたのかもしれません。夫を失った今では、確かに何をしようと自由です。でも、こんなに自由でいてよいのだろうかと、時折不安感を覚えるのです。

息子を失うことになってからは、文字どおり独りで自由な時間を生きることになりました。夫を巡る親族との確執からも解放され、様々な問題を抱えた息子の心配からも解放されました。でも、完全な自由を得ながら、心から自由を楽しむことができないのです。今にして得られたこの自由が、逆に束縛のようにも感じられるのです。それはなぜなのでしょうか。

おそらくその理由の一つには、せっかくのこの自由を、なんとか充実したものにしなければいけないという焦りがあるからでしょう。そしてもう一つには、この自由にたいして罪悪感を覚えるからでしょう。大切なものを犠牲にした、その代償としての自由、という思いが拭いきないからなのでしょう。

よく世間では「いつまでも悲しんでいてはいけません。亡くなった人が浮かばれません」と言います。遺された者が悩んでいたら、死者の魂が安らかに眠れないと言うのです。でも、私はふとこんなふうに思うのです。鎮魂とは、もしかすると、残された者の心が安らかになることではないのかと。

特に葬儀は死者のためにあるというよりは、残された者の心を鎮めるためにあるのではないかと、私にはそう思えてなりません。そう思ったのは、夫の葬儀の折、周囲の人たちの言うままに、あまりにも簡略化された葬儀をしたことが、私の心をいつまでも苛みつづけることになったからです。それに対して、息子の折には、納得のいく葬儀ができて、心ゆくまで涙を流し、ある種安らぎをさえ覚えました。

夫が亡くなって二十年ほどして、仙台の叔母の連れ合いが亡くなりました。その一周忌の折にたまたま居合わせた私も、灯篭流しに参加しました。私も灯篭を一つ、夫に手向けて広瀬川に流すことにしたのです。ゆらゆらと流れる灯篭を眺めながら、初めて心が安らいでいくのを感じました。鎮魂とはこういうことではないでしょうか。

高齢者ホームでお会いしたある老婦人のことをふと思い起こしました。その方は、若い頃出逢った人たちとのことを思い出しては、「あの人たちは今頃どうしているかしら」と懐かしそうに語るのです。遠い地方で出逢った人々で、恐らくはもうこの世にはおられないはずの方々のことに、あれこれと思いを馳せながら、その婦人は生き生きとした日々を送くられていました。その方のお話を伺いながら、私も心充たされるのでした。これこそが、本当の意味での死者たちへの、そして残されたものにとっての鎮魂なのではないでしょうか。

私は、いま自由を得ながら、自由を楽しむことができていないと述べました。「大切なものを犠牲にした、その代償としての自由」が「逆に束縛のようにも感じられる」からだとも。でもこの老婦人との交流を通して、私は自分の不自由な自由に風穴があくのを感じました。たとえ苦渋に満ちた過去であっても、心の束縛から離れて過去を遠くから温かく眺めるとき、閉ざされた自由が、解放された自由になり、それこそが鎮魂に繋がるのではないかと。そして鎮魂とともにある自由が、本当の自由ではないのかと思えるようになったのです。

21. 運命？　それとも……

支える会第七回目のセッションでは、「これまでの私、これからの私」というテーマで参加者の皆さんにお話していただくことになっています。それは、喪失体験を乗り越えて新たに生きていくためには、距離をもって「これまでの自分」を見つめ直すことが有効だからです。皆さんのお話しを伺いながら、私の場合はどうだったろうかといつも考えるようになりました。そこで、ここに、「これまでの自分」を辿ってみることにしました。

一番遠い記憶は、出征前の父に向かって母が言ったこんな言葉だった。「この子は、もうそんなに生きてはいないのだから、抱いてやってください」。それを聞いていて、私はぼんやり思っていた。「ああ、私は死ぬのだな」と。あれは幾つの頃だったのでしょう。

五歳にもならない頃だったかもしれません。
小さいとき、病気ばかりして、いつも寝かされていた。長いこと入院もしていた。童話を読んだり、天井の模様を見て空想に耽ったりしていた。嫌だとも退屈だとも感じなかった。不安も感じなかった。
初めて不安を感じたのは、一緒に出かけた祖母とはぐれたとき。私も祖母も極度の近視でした。祖母は私の名前を呼び、私は背の高い人を目当てに探しました。明治一三年生まれの祖母はその時代としては珍しく背の高い人でした。それも四歳ぐらいの頃だったでしょうか
極度の近視。星を見たこともなければ、黒板に何が書かれているかもわかりませんでした。それでも見知らぬところを探索するのが好きでした。疎開して三回も小学校を転校しましたが、そのたびに校内がどうなっているのか知りたくて、休み時間になると見て回るのが楽しみでした。最初の転校先は北仙台の近くで、誰が学校まで連れて行ってくれたのか覚えがありません。でも帰りは独りで、道が分からなくなって困りました。それでも泣きもせず、確か赤レンガの角を回ったところだと、ただそれだけの記憶を頼りに、人に尋

ね尋ねして帰って来ました。それが仙台二高のあたりだったと知ったのは、つい最近、叔母にその話をしてわかった事でした。

疎開して二回目の転居先は、祖母の親戚先の家の間借りの一部屋。祖母、兄、姉との四人で過ごしていたような気がします。どういうわけか母の姿はなかった。そこは九畳という妙な形の座敷で、一畳だけ窓に向かって部屋が飛び出しているのです。その隅っこの空間が大層気に入っていつもにそこにひっそりと座り込んでは楽しんでいた。

その頃、家には傘が一本しかなかった。雨が降ると、通学に一番遠い兄が傘を持って行き、姉は雨合羽、「お前は近いから走って行きなさい」と言われた。何の不満もなかった。口惜しかったこと。戦後の食糧難で、次から次へと様々な品を売って食いつないだころのこと。五段飾りのお雛様や蓄音機などが売り払われたときもあまり残念だとは思わなかった。うちにはその頃、珍しい映写機とフィルムがいくつかあり、ベルリンオリンピックの記録とか漫画が映っていた。父が洋行した時に買い入れたものだった。それを売る前の晩、最後だから映写機を回そうということになりました。私は眠くなるから漫画を先に映してと何度も頼みました。でも、私の言葉に誰も耳を貸すことなく、ニュースとかオリンピックを映していた。そして見事に私は寝入ってしまいました。

考えてみれば、いつも家の中では私の意見は通らなかったような気がする。どういうわけか、私は母にいつも否定されていた。強情な子、何をさせてもダメな子、お前は間違っていると、よく言われていた。母を継母なんだと思いこんだりしていた。童話の世界の一場面に自分を置いていた。なにも言い返すこともなく、その頃は気にもしなかった。小学四、五年の頃、子供用の本が何も無く、婦人雑誌の育児方法の記事や、新聞の連載小説など手あたり次第に読んでいた。子供らしくない、嫌な子だったのかもしれない。すべてあるがままに受け入れていた。

中学三年の時、突如自我に目覚めた。普通より遅い目覚めなのかも。ふとこんなふうに思った。「私の心の中は自由だ、心のなかだけは誰にも束縛されない自由がある」と。これからは自由にいろいろなことが考えられると思うと、なんだかとても嬉しかった。

このころまでの私が、それからの私の生き方を形作っているような気がする。夫と結婚したのも、私だけの想いが先行していたように思う。相手の心の動きなど考えずに、自分が愛してさえいればそれで充分でした。夫の家柄がどうだとか、どのような家風であるかとについては、考えも及びませんでした。ただこの人とずっと一緒にいたいという思いだけでした。周囲の思惑など、ましてや母の反対など一顧だにしませんでした。母とは違った生き方をしようと思っていた。

「これからの私」という表現に当てはまる「私」は、夫を亡くしてから十年ほどしてからの私です。「これからの私」というよりは「それからの私」と言った方が私の場合には相応しいかもしれません。夫を亡くしたばかりのころは、「これからの私」など考えられもしませんでした。ただやみくもに生きてきたのです。その生きてきた過程の中で、私を私として成り立たせていたのは、幼少期以来の私であったように思います。ひとりで隅っこの小さな空間に佇む私、それでいながら探検好きな私、そして自分の心の中の想いだけで生きていて周りのことなどを考慮しない私。でも幼少期のように事実をありのままには受け入れられなかったのです。何年もの間、夫の死という現実を受けいれることができなかったのです。なぜ夫が死ななければならなったのか、自らに問い続けました。勤め先の仕事が終わってもまっすぐ家に帰らずに街を彷徨いました。夫とかかわりのない人たちとお喋りをし、夫とかかわりのない外国の街を彷徨いました。見知らぬところを歩くのが好きな子供のころの私が再現したのかもしれません。そんな私を母は激しく非難し、私を監督しようとしました。母は母で、夫のいない私を自分が守らなくてはいけないと思ったのでしょう。そんなこんなで私は母と激しく口論しました。いま思えば、伴侶を亡くしたことによるやりようのない怒りを、母にぶつけていたのかもしれません。

そうはいっても、辛いことばかりではありませんでした。新たに就いた仕事も楽しかったし、付き合いも広がりました。ゼミや研究仲間との合宿勉強会も楽しいものでした。また仕事からの帰り道に、思わぬ小路を発見して心躍らせたこともありました。探索好きの子供心がよみがえったような気がしました。飛行機事故で死ねば本望と思っては、機会あるごとに出かけていた海外の国々でも、必ずしも暗い気持ちで彷徨っていたわけではなかったのです。冒険もしながら、それはそれで楽しんだのだと思います

でも務め先の仕事を終えてからは、過去の自分ばかりを苦い思いで振り返ることが多くなりました。自分がいかに傲慢だったか、独り善がりだったか、それが原因で夫を死に追いやったのではないか、と激しい罪悪感をもって「これまでの私」を振り返ることが多く

なりました。心優しい何人かの友人は、それは私の運命だったのだから、と言って慰めてくれるのですが、私には周りの人がすべて、お前のせいだと言っているように思えました。小さいころから「お前は間違っている」と母に言われ続けたことが、心の何処かにくすぶっていたのでしょう。私には、幼いころからの私の性格の傾向が、すべてにおいて起因しているように思えてならないのです。にもかかわらず、私は「ああ生きるしか仕方がなかった、ほかにどうしようもなかった」と自己弁護をする気持ちが、ともすれば湧きあがるのです。それも「我が強いから」と言うことになるのでしょうか。

高齢期に入った私は、これからどのように生きるのでしょうか。今のところは、ただウロウロするしかないと思っています。ついこの間までは、老齢という事実を受け入れずに、チャレンジ精神は失いたくないと思っていました。五十代のころと同じように、行き馴れた英国の街をぶらついたり、あるいはまだ訪れたことのない東京の街並を探索したり、何か新しいことに挑戦したりしたいと思っていました。しかし息子を失ってからは、忽然として、気力、体力の衰えを感じるようになりました。これからの私は、六十代に初めて思い通りに建てたこの小さな家で、ひっそりと、自分の想いのままに生きられたらと思うようになりました。料理を楽しみ、まだ身の回りのことが自分でできることを感謝しながら生きていくことが、今の自分には似つかわしいと思うようになりました。

でもなお、時折、これだけでは嫌だと、心の中で叫んでいる自分がいます。運命に逆らってでも、もっと自分の声を上げてみたい、心までお婆さんになりたくない、心まで老いることは運命を受け入れることとは違う筈だ、これからの自分は、最後の最後まで運命に逆らいつつ生きていきたい、こんな声が聞こえるのです。こんなふうに想うのも私の運命なのでしょうか。

私は今、孤独と引き換えに、限りない自由を手に入れています。何を思い、何をしようと、だれにも拘束されない自由を持っています。曽野綾子の本の広告文にこんな言葉がありました。「いつ死んでもいいのなら冒険すればいい」。この言葉に百パーセント共感はしないけれど、中学生のとき感じたように、自由な心に感謝しながら、限りなく心の自由を享受してみよう、出来る限りの魂の冒険もしてみよう。罪悪感も、迷いも、怒りも、苦悩も、それで激しく落ち込む自分も受けいれて、風の吹くまま、自然のままに、思い切り一瞬一瞬を生きてみたい。それが「これからの私」の願いです。

刈り込まれし庭に差し込む黄昏の陽
黒き土に重き石空を仰ぐ
翔んではいけないのか紅色の千切れ雲へ
夢見てはいけないのか青空を
否と銀杏の葉が翻る
黒き土の下虚しく在り重き石

22. ある老婦人のこと

この頃、昔知り合ってその後消息不明になっている人のことや、今は亡き人のことなどが、淡く溶けていく水色の風景のごとく思い出されます。

そんななかでも、特に脳裏に浮かぶのは、高齢者ホームでお知合になれたYさんのことです。この方については、前の文章で少し触れましたが、もう少しきちんとご紹介しておきたいと思いました。

Yさんとは、二年ほどの前から、Yさんの居住する特養老人ホームを訪れては、月に二度ほどの割合でお話を伺いにうかがっていました。特養ホームの方々は、軽重の違いはありますが、ほとんどの方に認知上での衰えがありました。その中にあって、九十歳をゆうに越えておられると思われるYさんは頭脳明晰でした。素敵な白髪をカチューシャできちんとまとめられ、いつも奇麗なブラウスにスカーフをまとっておられる、色白の美人さんでした。

Yさんはいつも広間の片隅に独りでテーブルに向っていました。たぶん、他の方とは接したくなかったのでしょう。おやつや食事の時以外は、自分のベッドに座って新聞や本を読んでいることも多かったと思います。お知り合いになれた最初の頃は、階下の図書室まで本を借りに行かれるほどお元気な方でした。

彼女の話はとてもユニークなことばかりでした。

十四歳で女学校を中退し、親に内緒でムーランルージュに入った時のこと。多分舞台に立っていたのでしょう。そして劇団員とともに地方公演をして廻ったとき、列車の中のストーブで、担ぎ屋の小母さんがスルメイカを焼いて「さ、食べな、食べな」と勧めてくれたのに、スルメが苦手だったので食べなかったこと。

また、こんなことも。終戦の年、たぶん二十歳にもならなかった頃でしょうか、家出をして、復員兵でぎゅうぎゅう詰めの列車に乗って熊本まで行ったこと。その時の復員兵たちが、みんな優しくて、彼女がトイレに行くのにみんなして手助けして通してくれたことなど、懐かしそうに語るのです。どのような目的で熊本まで行ったのかは、はっきりとは言われなかったけれど、好きな人を追いかけたような風でした。何時間も並んでようやく切符を手に入れたこと。お兄さんの一人がそれに気づいても、そっと見逃してくれたこと。

熊本でもみんなが親切にしてくれたことなど、あれこれ語りながら、「あの人たち、昨年の熊本地震で、いまごろどうしているかしら」と呟いたりするのです。その人たちは当然みな他界しているのでしょうが、彼女が語ると、そうした思い出の人たちが、みんな優

しさに包まれて、活き活きと躍動するのです

Yさんが結婚していたのか離婚したのかは、ついに話題にでることはありませんでした。今でいうシングルマザーであったのではないかと、私は勝手に憶測しました。というのも時折、娘さんに済まないことをしたとつぶやくことがあったからです。その娘さんとは満月の夜、縁側で差し向かいに坐って、「飲みねー、飲みねー」と言いながらお酒を酌み交わしたのだと懐かしそうに語り、あんなに楽しかったことはかったと言われるのでした。

そんな話をしてくださるほど、私に心を開いてくださったのですが、そのきっかけとなったのは、彼女のベッドの傍らにピンナップされていたピカソの絵からでした。ピカソの好きな私が、「あら、ピカソですね」と言ったのです。それを聞いて、「この絵に目を留めてくれた人は、これまで誰一人いなかった」とYさんは嬉しそうでした。

またある時、テレビを一緒に見ていて、女優の沢口靖子が、美しくて、凛としていて、大のお気に入りなのだということで、話が大いに盛り上がったこともありました。新聞は朝日新聞を読まれていて、現政権を批判するようなこともありました。八十歳のときに大手術を受けて、退院したその翌日には、高尾山に登って来たと、こともなげに語られたと

きに思わず感嘆の声をあげました。Yさんのそんな無茶をする、冒険心にあふれたところが、私はとても好きでした。

そんなことを語るYさんが、ある時、ふとつぶやいたのです。「死んだらどこへ行くのかしらね」と。私が、「天国に行くのでは？」とありきたりのことを言うと、「天国に人が溢れて、こぼれ落ちるでしょう？」と切り返す彼女。「天国にはいくらでも住める家があるそうですよ」と言う私。すると彼女は言うのです。「私、天国は嫌い。極楽がいい」と。なぜと、問い返すこともなく、それが彼女との最後の会話になりました。その後彼女は病院に移られたとかで、会えなくなり、その一ヵ月に後亡くなったと、施設の方から伺いました。私は大切な友人を亡くしたような寂しさを覚え、心の中でそっと祈りを捧げました。

年老いて思い出だけにすがって生きていくというのは、哀れに思われるかもしれません。けれども、Yさんは決して憐れみを誘うような方ではありませんでした。自分に誇りをもって凛としておられました。けっこう気難しくて、「今日は、お話しする気分ではないの」と断られることもしばしばありました。また、「私にばかり話をさせないで、あなたも何か話題を持っていらっしゃい」と言われたこともありました。彼女の記憶の中にもおそらく嫌なことや唾棄したくなるようなこともたくさんあったに違いありません。そうしたことは一切口にせず、楽しかったことだけを話されたのですが、それは見栄からだったのでしょうか。

私にはそうは思えないのです。悔いるような記憶もたくさんあったでしょう。でも彼女は、それらの記憶を静かに受け入れていたような気がするのです。嫌な記憶も心の中にそっと静かに秘めておく、それが、彼女のつつましさであり、矜持でもあったような気がするのです。私もそんなふうになれたらと切に願うばかりです。

23. 記憶から追憶へ――「愛」

何なのであろうか、この駆け出したくなるような想い、叫びだしたくなるようなこの想いは。自分の過去の記憶がふと蘇るとき。

記憶はときに、突然の雷雨のように、激しいショックを伴って蘇る。思わず「おお、神様」というように夫の名を叫んでしまう。

秋風がそっと頰を撫でるようによみがえるのは懐かしい人の記憶、あるいは子供の頃の楽しい思い出、あるいは読み耽った小説の数々のシーン。

突然湧きあがる記憶の多くは、心をざわつかせ、思い出したくもない、辿りたくもない、まともに向き合えば、私が粉々に飛び散ってしまいそうな記憶。そのつど私を痛烈に襲う想い、私には「愛」が欠けているのではという想い。

四十年以上も前のこと。大学院のゼミの席で、私の発表を聴いた恩師が突如言われた、「君には愛がない」と。取り上げた作品の本質を捉えていないという意味だったのかもしれない。でも私は自分の本質を射抜かれたかのように驚愕した。

それ以来、その先生に傾倒し、文学という豊かな海へ乗り出すことになった。でも同時に、その言葉は、夫を亡くして以来、私を苦しめる悔悟の記憶とも重なり続けた。

私は夫を本当に愛してはいなかったというのだろうか。すぐさま、内なる声が反発します。そんなことあるはずがない。夫と出会ったとき、こんなにも人を愛することができる自分に驚いたほどだったのだから。でも、あれも私の独り善がりの「愛」だったのだろうか。それとも、人生のどこかで、愛の変貌があったのだろうか。

夫の病と死を境にして起きた様々な出来事、家族や親族との軋轢、医療者をはじめ周りの人々の心無い言葉、すべてが私を責め立てているようだった。私には「愛」がないと。心の中で、私はそれに激しく抗《あらが》った。そしていつの頃からか、それに激しい悔恨が入り混じって、すべてが私のトラウマになった。

ふと思い出すのは、サンテグジュペリの『星の王子さま』の中のあの言葉――「愛は互いに見つめあうことではなく、同じ方向を見ること」。それなら、私の「愛」はやはり変容していたのだろうか。あの頃、私たちは同じ方向を見てはいなかったのだから。

でも、はじめは、確かに同じ方向を見ていた筈だった。それが、いつの間にか異なる方向に歩みだしていた。いつからのことだったのだろう。私が夫から自立しはじめたとき、それがそのときだったのだろうか。

あれから幾歳月が過ぎ去り、私はいつか夫の知らない世界を歩んでいた。夫の知らない人と出逢い、夫の知らない景色を眺め、夫の知らない出来事に遭遇して。ときに微笑み、ときに泥まみれになって苦境の中を喘ぎ、無我夢中で生きてきた。そのひとつひとつの記憶の中に夫はいない。

でも、それは嘘。ときおり、あの時の記憶、病のなかで苦しみもがく夫の記憶が、消すべくもなくまとわりついて私を苦しめるのだから。辛い記憶が懐かしい追憶に変容するのか。いつになったら、私があのトラウマから解放されるというのだろうか。

倉本聰のドラマ「やすらぎの刻」で、中島みゆきが「慕情」と「離郷の歌」という二つの主題歌を歌っています。歌声もメロディーにも魅了されるのですが、その歌詞が私の心を打って止まないのです。これまでの私の想い、そしてこれからの私の願いがすべてそこに込められているような気がするのです。

愛より急ぐものがどこにあったのだろう
愛を後回しにして何を急いだのだろう

甘えてはいけない
時に情けは無い
手離してならぬ筈の何かを間違えるな
振り向く景色はあまりに遠い
もいちどはじめからもしもあなたと歩きだせるなら
もいちどはじめからただあなたに尽くしたい
海から生れてきたそれは知っているのに
どこへ流れ着くのかを知らなくて怯えた
生き残る歳月ひとりで歩けるかな
生き残らない歳月ひとりで歩けるかな
限りない愚かさ限りない慕情
もいちど出逢いからもしもあなたと歩きだせるなら
もいちど出逢いからただあなたにつくしたい
少し嬉しかった事や少し悲しかった事で

明日の行方はたやすくたやすく
翻るものだから　（後略）【慕情】

夫を亡くしてしばらくの間は、まったくこの歌の心情でした。「一人で歩けるか」と想い、「限りない愚かさ」と「限りない慕情」が心を締め付けました。「どこへ流れ着くのか知らなくて怯え」ました。確かに私は「愛」を後回しにして何かを急いだのです。そしてあれから何十年と月日が経って、いまでは次の歌が私の胸を打つのです。

屋根打つ雨よりも胸打つあの歌は
二度とは戻らない宙《そら》の流れ
なにひとつ変わらず人々は呼び合い
応える我が声に夢は覚める
離れざるをえず離れたものたち
残さざるをえず残したものたち

心は離れない星は消えない
いつの日か遠い国の歌聞かせよう
屋根打つ雨よりも胸打つあの歌は
二度と戻らない宙の流れ
行く手に道なく沢《ま》して待つ人無く
水に書く恋文海へ還れ
汚れざるをえず汚れたものたち
埋れざるをえず埋もれたものたち
何もかもすべてを連れてゆけたら
喜びも涙さえも連れてゆけたら（後略）【離郷の歌】

「二度と帰らぬ空の流れ」「離れざるをえず離れたもの」「残さざるをえず残したもの」「行く手に道無く、まして待つ人無く」「汚れざるをえず汚れたものたち」「埋もれざるをえず埋もれたものたち」。こうした詞は、これまで歩んできた足取りへの後悔と、いつか辛い記憶が懐かしい追憶に変貌してくれるのではないかという私の願いを、見事に表現してくれているような気がしてならないのです。

24. こんな映画を観ました

先日、こんな映画を観ました。日本語の題名は『ぶあいそうな手紙』という映画です。ブラジルの作品のようです。目のひどく悪い老人が妻を亡くしてからも、妻と長年暮らしてきたフラットから離れがたく、同居を勧める息子の誘いも断って、一人暮らしをしています。そんななかで、たまたま知り合ったやや不良がかった若い女の子とのユーモラスな交流が始まり、その彼女のお節介から、かって思いを寄せていた昔の友人の妻のもとに身を寄せることになるという、どちらかと言えば素朴な展開の物語です。

でも私はそこに、孤独な老人の一つの身の処し方を描き出したラブ・ストーリィを見たようにも思え、伴侶を亡くした老人が密かに憧れる、理想的な、あるいはメルヘンとしての生き方を見たような気がしたのです。

老人は孤独ですが、孤独を嘆いているわけではありません。それどころか悠然と一人暮らしを楽しんでもいるようです。同居を申し出る息子の誘いも、にべもなく断ってしまいます。息子が一緒に住もうと言っているのか、この家を売って、ホームに入るように言っているのか、そこまでは定かではありませんが、妻と生活を共にしてきた今の家を離れがたいのは確かなようです。かといって、亡妻の思い出に連綿としているわけでもありません。家政婦頼りの不自由な生活ではあるものの、それなりに自立した生活を楽しんでもいるようです。今では目もひどく悪くなって、すべてぼんやりとしか見えないようですが、それでも杖もつかわず玄関口の石段を下りると、毎日お決まりのカフェに行き、散歩をします。老妻への愚痴をこぼす隣家の老人の話にも親身になって耳を傾け、小うるさく口をはさむ家政婦の小言にも強く反発するわけでもなく、むしろ楽しんでさえいるようです。この老人には孤独に耐えるというような悲壮感もなければ、肩肘はった強がりもありません。そんな飄々とした生き方に、私は心惹かれたのかもしれません。

そんな老人の生活のなかに、ある日突然、得体の知れない女の子がまぎれ込んで、盛んにお節介をやくようになります。

その女の子は、老人の目の悪いのをいいことに、老人が家政婦のために用意していた壺の下の小銭をくすねたり、ボーイフレンドを連れ込んだりもするのですが、それに気づいていながら、老人は一言も文句を言わず、逆に、女の子の危険性を忠告する家政婦のほうを解雇してしまいます。老人は明らかに、思いもかけず舞い込んできた女の子との交流を楽しんでいるのです。

女の子は次第に老人の心に寄り添うようになります。昔の恋人から来た手紙が読めないという彼に、声を出して読んであげると言い出すばかりか、口述さえしてくれれば自分がタイプするからと言って、返信することまで勧めるようになります。タイプを打ちながら、ここはこんなふうに表現にした方が良いと、アドバイスまでして。

まもなく、昔の恋人から折り返し返事がきます。その手紙を読んだ女の子は、「この女性はあなたを愛している」と老人に言い、会いに行くようにと勧めるのですが、老人はとまどっています。

戸惑っていた老人でしたが、唯一の友人であった隣の老人が、妻の急死で息子のところに引き取られていくのをきっかけに、荷物をまとめる決心をし、昔の恋人を訪れたところで、映画は終わります。

この映画を取り上げたのは、独り住まいの孤独の中で、いかに充実して生きていけばよいのかということに、最近の私が強い関心を抱いているからにほかなりません。かといって、このところ溢れかえっている「孤独を生きる」とか、「老いを生きる」という類いの本を、とても読む気にはなれません。なんとなく取り澄ました書物ではないのかと、つい思ってしまうからです。果たしてそこには迷いやためらいがあるのだろうか、過去への執着などがあるのだろうか、などと考えてしまうからです。孤独や老いには、もっともっと迷いやためらいがあってもよいのではないか、手繰り寄せたい過去や消し去りたい過去、歳月に抗う気持ちやら憤りやら怒りやら悔いやらなど、老いには複雑にまとわりついているものがいっぱいあります。それが「老い」であり「孤独」であると、つい思ってしまうからです。

そんな私が、なぜ、この映画の主人公に惹かれるのでしょうか。それは、最初に述べたように、この映画が一種のメルヘンとして描かれているからではないかと思えるからなのです。そこにはこう生きるべきだという説教調がありません。主人公の老人にも、迷いはなく、過去に執着している様子もなく、特に過去の栄光などない、ごくありきたりの老人にすぎません。弱視であるというハンディがあっても、飄々と生きています。

そのような老人が、普段何気ない形で交流していた隣人が去ることで、一つの決断をするのです。長年住み慣れた家を離れ、昔の恋人の家に向かい、受け入れられるのです。そんなきっかけになった女の子との交流をも含めて、あまりにも平凡な、あまりにも素朴な彼の生き方が、逆に憂いなき老人のメルヘンティックな理想像と映ったのかも知れません。

そんな微笑ましい映画に、やすらぎを覚えた私でした。

25. わりきれぬ想い——自ら命を絶った伴侶

長いこと、「支える会」のお手伝いをしてきて、様々な方々の哀しさ、苦しさを伺ってまいりましたが、その際いつも感じることがありました。それは、「ああ、こうして皆様が、当時の私の気持ちを代弁していてくださるのだ」ということでした。

私が夫を亡くしたのは、今から三十数年以上も前のことで、当時、このような会は存在していませんでした。私は自分の苦しみ、悲しみを誰に伝えることも出来ず、ただ一人で抱える以外にはありませんでした。参加者の皆様がお気持ちを切々と語るのを聞いていて、「ああ、私もこんなことを言いたかったのだ」とつくづくと思うのです。

会に参加される方のなかには、どうしても会になじめず、ご自分の気持ちを語ることも出来ないまま、一度か二度参加されただけで去ってしまわれる方もおられます。その多くは、伴侶が自ら命を絶った方々でした。私はその方々のお気持ちが痛いほどよくわかるのです。私の夫がそうだったからです。

自死の場合、その悲歎感情はさまざまな理由で複雑とならざるを得ないのです。そこで、自死遺族の一人として、そのような状況で遺された者の気持ちを、自らを振り返りつつ、あえてここに記してみたいと思います。

支える会で取り上げられるテーマは、「死の否認」「怒りと不当感」「罪の意識と後悔」「鬱状態」「対人関係の変化」などですが、どのテーマにおいても、参加者の語られることは、死の原因が何であれ、すべての方に共通する面が少なくありません。ただ、自死の場合は、それら一つ一つのテーマに反応する感情の度合いがとても強く、感情の揺れ幅も大きいので、語ることがとても難しいのです。死者に対する二律背反的な感情とでもいえるものが、拭い去りがたく残るためなのでしょう。

語れなくしている要因の一つに、世間には、自死を疎んじる感情、直視したくないという差別的な感情がどこかに潜んでいる点を、まず挙げたいと思います。遺された側にも、自死はあってはならないもの、恥かしいもの、隠さなくてはいけないもの、という思いがどこかにあって、「黙せよ」という言葉にならない指令が、他の人からも、自らの中からも、無意識のうちに発信されてしまうのです。世間の差別意識だけでなく、自分自身が自分のなかに取り込む差別意識という点では、ふと島崎藤村の『破壊』を思い浮かべてしまうほどです。

私の場合にはこんなことがありました。経済的なことで相談に乗っていただいたある友人に、自死であることを打ち明けました。すると、その友人は口に指を当てて、「言ってはいけない」という仕草をしたのです。その場面が今でもありありと脳裏に焼き付いています。今思えば、あれは世の中の厳しさから私を守ろうとした優しさの表れだったのかもしれませんが、当時の私には、とてもショックでした。また、夫の身内も死因をあからさまにすることを避けて、心筋梗塞ということで通していましたが、混乱していた私のほうは、自分の知り合いには事実をそのまま話していました。事実を隠すことが、夫を不当に扱っているような気がして耐えられなかったのです。

またこんなこともありました。勤務が決まりかけていたある大学が別の人を採用したのです。家庭不和の人は教員に採用できないそうだと、ある友人が訳知り顔に言いました。その時、私は、大学側にたいしてより、そんな噂を訳知り顔で伝えるその友人に、一瞬激しい憎しみすら抱いてしまいました。それ以来、新たに知り合うようになった人たちには決して夫のことを話しませんでした。それがわだかまりとなって、新たなグループの輪に入っても、いつもその中に溶け込めない自分を感じてしまうのです。

つぎに沸き起こったのは、「怒りと不当感」の感情でした。なぜ自分を残して先に逝ってしまったのかという割り切れぬ想いや、自分だけにこんなことが起きるのは不当ではないかという思いは、伴侶を亡くした方にごく普通に起きる感情です。その解決のつかない、怒りに近い気持ちの原因をどこまでも、どこまでも探ってしまうのです。

病死などの場合であれば、怒りや不当感の矛先を内側よりは外側に、不親切な医師や看護師に向けることもできるでしょう。また、事故や犯罪による死であれば、怒りは加害者に向けられて当然であり、世間もそれを当然と見なすでしょう。

自死の場合はどうでしょうか。怒りの矛先を誰にも向けようがないのです。自分自身に向けられるか、亡くなった当人に向けるしかないのです。でも、故人に怒りを向けることは「死者を鞭打つ」ことにもなるため、無意識のうちにその気持は封印されて、結局は矛先を自分に向ける以外にはなく、それが深い罪意識となって自分のなかに沈殿してしまうのです。

さらにそこに、「対人関係の変化」がもたらす心の重みも加わってきます。すでに述べた自死に対する偏見でしょうか。自死は恥ずべきこと、とんでもなく悪いこと、内緒にすべきこととして、ひそひそ話で語られることとされ、そのあげくには、死の原因探しまでが無言のうちに進行して、残された遺族に、特に遺された伴侶にその非難の矛先が向けられがちです。その雰囲気を敏感に感じとる遺族は、いたたまれなくて、しばしば見知らぬ土地に住居を移すということすら起こってしまうのです。

このような屈折した思いは、できればわかってほしい、けれどもおそらくはわかってはもらえないだろうという、さらに屈折した気持ちに繋がっていきがちです。この自分を知ってほしい気持ちと知ってほしくないという、二つの相反する気持ちは、すべての遺族に言えることでしょう。ただ、自死遺族の場合には、その揺れ動く振幅度が、はるかに激しく、大きいのではないかと思えるのです。

共感してくれそうな人に出会うと、衝動的に何でも話してしまい、誤解されたり、批判されたりしがちです。それがとても怖くて、これ以上傷つきたくないという思いから、多くの方は口を噤んでしまうのです。そして自分の気持ちなど到底人には分かりっこないと、割り切れぬ想いを抱きつつ自分だけの世界に引き籠ってしまうのです。語ることによって、もしかしたら、軽やかな心になれるのかもしれないのに。そんな鬱屈した想いを抱きながら、三十年以上も時が経ちました。。

あるとき、ある参加者がこんなことをつぶやかれました。「亡くなった妻の苦しみを思うと、私は、妻が苦しんだ以上に、苦しまなければいけないのだと思うのです」と。その方の崇高さに私は心打たれました。それに引き換え、私は、死者を悼む気持ちと遺された者の割り切れぬ想いとの間で、その溝をどう埋めれば良いのか戸惑いつつ、三十年以上も生きてしまいました。

近頃、こんなふうに思うようになりました。割り切れぬ想いがあるのなら、割り切れぬ想いのままでいれば良い。それでも、時折は、静謐・清浄・透明な心境にもなれるのだと。芝生の広がる公園で、独りベンチに腰を下ろし、幼子のたわむれる姿を眺めながら、私はふと、そう思ったのです。黙していること、ひとりでいることの心地よさと共に。

26. 心に残る言葉――「過去」からの声

朝日新聞の「折々のことば」の欄に、こんな言葉がありました。「何度も何度も何度も何度も時間を巻き戻しているうちに、過去と自分の我慢比べになって、とうとう過去の方が力尽きるの」（小川洋子「小箱」より）。この欄には次のような言葉も紹介されています。「幼い息子を亡くした母が、その後亡くした息子の通った道しか歩かなくなった。失ったものは、その残像をくり返し見つめる中で、ようやく仄かに語り始める」。

これらの言葉は、伴侶を亡くした私たちにとても、とても心を温めてくれるもののような気がします。

遺されたものたちは、亡くなった伴侶のことを、また、過去の出来事を、さらには、出来事とは言えない些細なこと、あのときあの人はあんなことを言ったとか、あんな仕草をしたなどといったことを、何度も何度も思い返しては、過去を手繰り寄せるのです。その過去は、穏やかなこと、明るいことばかりではないでしょう。幾度となく思い返しているうちに、幾つもの過去の記憶が闇の中から解き放たれ、漂い、仄かな残像として浮かび上がってくる。遺されたものはそれらを改めて見つめ直し、確かめ直すことで、記憶のなかに封じ込められていた、ときに自縛としての、ときに執着としての思い込みや偏見から解放されて、あるがままの真実に気づくことがあります。そのとき初めて、遺された者の心は自由を獲得する、こうして悲しみや苦しみも影を潜め、遺されたものの心は穏やかになる。そのようなことをこの文章は語っているような気がします。

そんな風に解釈してみたものの、その真意がいまひとつつかめなくて、小説そのものを読んでみました。しかし、あまりにもシンボリックで、メルヘンティックでやはりよくわかりませんでした。それでもこの文章が心を捉えて離れないのは、「過去」の捉え方に心を魅了するものがあるからなのでしょう。それは私自身に、あまりにも重い過去があり、それがトラウマとなって私を捉えて離さないからかもしれません。そんな過去と何とか融和したい、そう思ってもがいているさなかに、冒頭の文章と出会ったのです。

「過去」というもの、「過去」という存在の重みを、どのように捉えたらよいのか、それを探っていけば、なにかが解きほぐされるのではないか、そんなふうに私は思いました。それで、この言葉を手掛かりに、私を捉えて離れない「過去」とはなんだろうか、改めて考えてみようと思いました。そうすれば、ひょっとしたら、上記の言葉から感じ取れたような柔らかな心持になれれ、「過去」と融和できるかもしれないと思い、願いながら。

いったい、「過去」とはどのような姿をしているのでしょうか。私たちは「過去の思い出」とか「過去の記憶」とかいうように、「過去」という言葉を何気なく使っていますが、よくよく考えてみると、この両者では「過去」の持つニュアンスに微妙な違いがあるような気がします。「思い出」とか「追憶」という言葉には、なにか懐かしいもの、暖かく脳裏に甦ってくるものという意味合いがあるのではないでしょうか。それに対して、「記憶」という言葉からは、Fact（事実）と同じような、もっと冷ややかな無機的なものを想起してしまいます。

「過去の記憶」という言葉から私がふと連想してしまうフレーズといえば、「過去を切り捨てる」「過去に執着する」など、どうやら、その過去は厭うべきものの代表のような感じです。これまで私が囚われていた過去は、そうした思い出したくない過去だったのだと、この頃になって気づくようになりました。

では、伴侶を亡くした者にとっては、「過去」はどのような様相を呈しているのでしょうか。

亡くした当初は、ただ、その衝撃に戸惑い、悲嘆の只中にいるだけで、とても過去に思いを馳せる余裕など無いというのが本当のところでしょう。過去を思い起して懐かしんだり、自分の至らなさをつくづく見つめるのは、ある程度時間が経ってからのことで、しばらくの間は、伴侶のいない現実を、生活をどう生きていくのか、その対処に追われるだけで、過去を振り返える余裕などはありません。それでも、何かの合間に、「過去」は遺された者の意思とは関係なくひょこりひょこりと顔を出し、あの時あの人はあんなことをつぶやいたとか、こんな仕草をしたとかが、ときには悲しく、ときには懐かしい記憶としてよみがえるのです。

そうした「過去」が時を経るにしたがって、幅広く繋がり、かつ細分化され、より深淵化されていくのではないかと私には思えて仕方ないのです。そうして「過去」が単に懐かしいものだけでなく、心に苦悩を呼び起こすものになっていくのではないでしょうか。

グリーフ・ケアの会で、遺された方々がよく「なんで」「なんで」という言葉をつぶやかれます。この問いとも言えない問いが、過去の記憶と繫がっていくような気がします。この「なぜ」という問いは、ともすれば過去を探ってしまう遺された者の心に潜む最も苦しい想いではないでしょうか。それは解決のつかない不合理ともいえる問いかもしれません。なぜなら、遺された者が問いかけているのは、死因などではなく、底知れぬもやもやした想いなのです。

そのもやもやした想いを強いて言葉にするなら「なんで自分だけがこんな苦しい思いをしなくてはならないのか」「なんで自分だけが生きていなければならないのか」ということなのではないでしょうか。そのようなやりきれない気持ち、「なぜ」という疑問に何とか解決を求めようとすると、その原因を過去の自分の在り方にまで限りなく探ってしまいます。過去を乗り越えようとか、過去から逃げようとすると、ますます迷路に入り込んで、過去に閉じ込められてしまうような気がしてしまいます。

夫を亡くしてて三十五年余り。私は今、そんな迷路に彷徨《さまよ》いこんでいるのかもしれません。ますます過去に捉われるようになりました。「過去」は私にとってこれまでずっと闘いの対象、あるいは消し去りたいものの対象だったような気がします。でもよく考えてみると、「過去」の一つ一つの出来事を思いおこすというよりは、ふとよみがえってくる「過去」に伴って湧きあがる様々な感情に翻弄されていた感じがします。その感情が思い起こすたびに増幅され私を苦しめているのだと、はっと気づきました。その感情はやはり「なんで」という気持ちから出てきたようです。そのやり場のない気持ちから、ともすれば身近な人、世間や、「神」を理不尽と思うようになり、さらにそれらにたいする「怒りや不当感」になり、自分に対しての「罪悪感や後悔」となっていったのかもしれません。

そのような苦しみを持ち続けたままこれからも生きていくしかないのだ、そんな覚悟を抱き始めた矢先のことでした。感銘深い映画を観たのです。話題になっていた「ドライブ・マイ・カー」でした。

「喪失と再生」という重いテーマをシンボリックに表現した難解な映画でした。演劇に携わる主人公が、妻を亡くしてはじめて妻の心の深淵をのぞきみることを通して、自分のこれまでの在りかたを顧み、自分の心の奥底に潜む感情を見つめ、認めていく物語でした。

主人公は、自分の愛車を自分の心のシンボルとして、自分の魂の一面（心理学用語ではアニマ）とも思える若い女性運転手にその運転を任せきって、心の赴くままに、自分の過去へと、自分の心の深淵へと、心の旅を続けるのです。旅の案内役としての女性運転手、彼の魂の一面でもある彼女が、彼女の故郷である亡き母の家を突き止めることで、心の旅を完結させます。それは主人公である彼の心の終着駅でもあったのです。あらゆる苦悩を自らのものとして引き受けて生きる、主人公の決意の表明でもありました。

苦悩を自らのものと引き受けて生きていこうとするこの決意を、「ワーニャ伯父さん」の台詞に自らの決意を乗せて舞台に立つ主人公の姿に、私は思わず涙ぐみました。

それは、小川洋子が「小箱」で意図した試み、閉じ込めていた「過去」、あるいは死者に、ひそかに語りかけていた想いを大気に解き放ち、風の吹き抜ける木立の中で死者の想いと自らの想いに耳を傾ける情景に繋がっていくような気がしました。そんな柔らかな気持ちに、私もなれそうです。

「過去」が自分に寄り添ってくれるのか、あるいは自分が「過去」にそっと寄り添っていけるのか、どちらなのかわかりませんが、このようにして私たちは魂の旅を続けていくのでしょう。私自身の旅をも含めて、「支える会」がそんな旅のお手伝いになれたらと、心から願っています。

あとがき

　これらの文章は、一五、六年前から日本グリーフ・ケア・センターの機関誌「支える会通信」に掲載してきたものです。はじめは、文字通り、伴侶を失った方々の支えに少しでもなればと思い、書き綴っていました。しかし、年月を経るうちに、自分の心を静めるために書くようになりました。と同時に、当時の自分の心の奥底に潜む様々な影を感じ、新たな戸惑いや悔悟を描くことになりました。

　これらを改めて読み返してみると、一冊の本として出版することに、新たなためらいが生じてきました。その理由の一つが、今述べたように、あまりにも自分のことに、というより、伴侶の死に関して沸き上がった自分の感情にこだわっているように思えたからです。そしてその感情がかなり激しいものだということに気づいたのです。伴侶を亡くされた多くの方は、もっと穏やかに、もっと慎み深く伴侶の死を受け入れておられるかもしれません。ですから、これをお読みになった方々の中には、違和感を覚える方もおられるかもしれません。

もう一つの理由は、私の論理の展開が矛盾に満ちていることに気づいたからです。若い頃からの私は、すぐ「でも」と発する癖がありました。一つのことを言うと、すぐ逆の考えも頭に浮かぶのです。そしてすぐ、それもまた違うのではないかと思ってしまうのです。以前から、そのことを何人かの人に指摘され、批判されることがよくありました。そうしたウロウロした思考、というより感情の揺れがそのまま文章化されている箇所が多々みられるのです。筋が通らないと思われる方が多いと思います。でも、あえてそのままにしました。というのも、伴侶を失ったものの一人として、そのように矛盾するような感情、絶えず揺れ動く気持ちが、遺された者にはあることを伝えたかったからです。

さらにもう一つの理由。昨今の世界情勢、社会情勢を見渡すと、伴侶を亡くした悲嘆など些細なことではないかと言われる方が多くおられることへの危惧があるからです。文章でも述べましたように、事実、私もこう言われたことがあります。「伴侶を亡くすことがそんなに悲しいことですか」、「世の中にはもっともっと不幸な人がいるのですよ」等々。

それでもあえてこう言いたいのです。確かに、戦禍や災害で多くの方が命を落とされています。そうしたことは、確かに心痛む、大きな悲劇です。けれども、亡くなられた一人ひとりの方に、それを嘆き悲しむ一人ひとりの遺族がいるのです。そうした一人ひとりの嘆きは、その死因が何であれ、同じように激烈なものではないでしょうか。そして、それぞれに、異なる背景があるのです。そのように、個々の遺族の個々の悲嘆に目を向けていただきたいと思いました。

私自身、伴侶を喪失して四〇年近くなります。文章にも書きましたように、現在のような「伴侶の死の悲嘆を支える会」は存在していませんでした。グリーフ・ケアという言葉も最近のように一般的ではなかったような気がします。そんな中で、私は自分の激しい感情がどのようなところから湧き出るのかわからずにただ混乱のままに過ごしていました。それが夫の死から一〇年以上経た時に、長田先生のご好意でグリーフ・ケアに関する書物の翻訳のお手伝いをすることになりました。喪失の悲嘆に関するその書を読み、翻訳の作業を捗めていくうちに、自分の悲嘆や、苦悩がどこから湧き出るのか、はじめて秩序的に理解したのです。そのことでとても救われた気がました。引き続いて、「支える会」のスタッフとしての勉強、カウンセラー講習を何人かの方と受講しました。そのとき、なにかのことで、思わず笑ったのです。夫を失って十三年経って初めて声をあげて笑った自分に気づきました。

それが一つの転機となりました。それ以来、その後三十年以上、「支える会」のスタッフとして係ってきましたが、私としてはスタッフというより、参加者の語る様々な想いが、まるで自分のことのように響きました。そして、自分のこれまでの苦悩を皆様が代弁してくださっているように感じてきました。

そのようなことで、これらの文章で、伴侶を亡くされた方々の揺れ動く想いを掘り起こしてきたつもりです。

この半年、読み直しの作業は、かなり辛いものでした。最初の文章、高齢者になったことを嘆いた文章を書いた時から、すでに十五年以上経っているにもかかわらず、夫を亡くしたあの時の感情が呼び戻され、自分の生き方を悔悟とともに振り返えることになったのです。それでも、揺れ動く自分を見つめ直すことで、かなり静かな眼差しで自分を知り得ることが出来たような気がします。それで、ようやく出版に踏み切る勇気が持てたような気がします。

この書物を刊行するにあたり、いろいろとご指導くださった長田光展先生、また、これまでなにかと私を支えてくださった「支える会」のスタッフの皆様、これまでの会に参加してくださった方々に深く感謝の意を捧げます。

令和五年三月

〔著者紹介〕
山本洋子（やまもと　ようこ）
国学院大学文学部卒業　日本大学文理学部英文科博士課程満期退学。
英国ケンブリッジ大学 visiting scholor として短期留学。
日本大学非常勤講師、佐野短期大学特任教授定年退職。
著書『思考する感覚』（1996、共著　国書刊行会）『E.M.Forster のためらい——「儚さ」と「永遠」のはざまで』（2007、現代図書）
『こころの旅路——死別の悲しみを超えて』（1997、共訳　新水社）
『突然の別れをどう生きるか——英文学者阪田勝三先生からの手紙』（2012、本の森社）など。

ためらいつつ歩《あゆ》む——「なぜ」と問《と》うパートナーの喪失《そうしつ》

2023年7月25日　初版第1刷発行　　　定価はカバーに表示してあります。

著　者　**山本洋子**
発行者　**河野和憲**

発行所　株式会社　**彩流社**
〒101-0051　東京都千代田区神田神保町 3-10　大行ビル 6F
電話　03 (3234) 5931　FAX　03 (3234) 5932
http://www.sairyusha.co.jp
印刷・製本　㈱丸井工文社
装幀　渡辺将史
©Yohko Yamamoto, printed in Japan, 2023.

落丁本・乱丁本はお取替えいたします。　　ISBN978-4-7791-2913-1 C0095

本書は日本出版著作権協会（JPCA）が委託管理する著作物です。複写（コピー）・複製、その他著作物の利用については、事前に JPCA（電話 03-3812-9424、e-mail:info@jpca.jp.net）の許諾を得て下さい。なお、無断でのコピー・スキャン・デジタル化等の複製は著作権法上での例外を除き、著作権法違反となります。

死別の悲しみを乗り越えるために

――体験から学びとること――

長田 光展 著

遺された者たちが立ち直り、新たな道を歩むために！ 日本グリーフ・ケア・センター代表で、自らも妻を亡くした当事者であり、喪失の悩みをかかえる人たちを「支える会」で活動をして得たさまざまな体験と合わせて語りかける。　四六判並製　1,800円＋税

家族にとってのグリーフケア

――医療の現場から考える――

坂下ひろこ編著

「遺族ケア＝死後のケア」と考えられているグリーフケアは当事者（家族）達にとり、生前の人間的配慮、また医療行為それ自体により、死別後のケアとなっていることが見落とされがちである。医療現場と家族の心のありようを問う。　四六判並製　1,800円＋税

2011年123月

――3・11 瓦礫の中の闘い――

菱田 雄介 写真・文

「やってくるのは2012年1月ではなく、2011年13月なのだと考えようと思った。」東日本大震災・原発事故後、葛藤を抱えながらも継続的に向き合い続けた気鋭の写真家が、美しい写真と臨場感あふれる文で綴る10年の記録。　A5判並製　2,200円＋税